山根
相撲の歩き方
マイクロマガジン社

山根千佳

Chika Yamane

令和5年五月場所、両国国技館にて。照ノ富士関が8度目の優勝を決めた場所。

まずは、誕生からこれまでの相撲遍歴を、その時代の角界や世の中のニュースとともにご紹介。どれだけ相撲を愛してきたかがお分かりいただけるのでは！

家族

●両親が大の大相撲好き。母は千代の富士関の全盛期の世代で、家族で大相撲中継を見ていたそう。父は1人で観戦に行くほど熱心だったので、もちろん私も相撲好きに。

●東京旅行で両国の相撲部屋めぐりをして大興奮したのを覚えています。

●父は相撲の知識がすごく、私の師匠のような存在です。今でも私より詳しくて、まだまだ越えられないですね。

●母は先代琴ノ若関の顔がタイプと言ってました。顔からも推しを探す派のようです。私が相撲の仕事をするようになってから、ますます相撲ファンに。

●今も家族が集まったときは夕飯を食べながらテレビをつけ、家族ぐるみで大相撲観戦です。場所中は相撲の話ばかりしています。

Chika's Sumo History

1995 0歳
山根千佳 誕生

3歳

2001 6歳

小学校時代

●小学校低学年のとき、家族ではじめて大阪場所に大相撲観戦に行きました。高見盛関などが全盛の時期。今でも親方となった高見盛関とお会いすると、「小さいときのスターが目の前に！」と心が躍ります。

●はじめて推し力士ができたのも小学校低学年のとき。初の推しは武蔵丸関。テレビの相撲を見ているときも、現地に行っても「むさしまるがまけたらどうしよう…」と泣き出しそうになるくらい好きでした。

この頃の角界は……

1995
貴乃花が横綱に昇進。十一月場所で兄の大関・3代目若乃花が優勝決定戦で弟・貴乃花を破り「若貴兄弟対決」を制す。

1998
若乃花が横綱に昇進。曙や武蔵丸、魁皇、初代琴ノ若など強い力士が相撲ブームを引っ張る。5月に小錦の引退相撲。

2001
五月場所の千秋楽、優勝した貴乃花に小泉純一郎首相（当時）が内閣総理大臣杯を手渡した際の「痛みに耐えてよく頑張った。感動した！」という言葉が話題に。

この頃の世の中は……

1995
1月、阪神・淡路大震災。3月、地下鉄サリン事件。ミリオンヒットを記録したCD多数、安室奈美恵ブームが起きる。

1998
2月、冬季五輪長野大会。開会式で横綱曙が土俵入り、幕内力士が各国の入場行進を先導。

2001
東京ディズニーシー開園。アニメ映画『千と千尋の神隠し』が劇場公開され日本歴代興行収入1位（当時）を達成。

◀to be continued

✻高校時代 16歳

2011

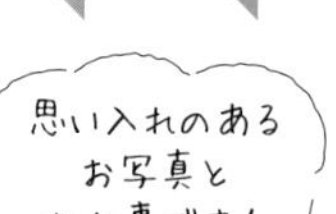

●高校で、先生が朝礼のとき相撲の話をしても、周りの友達は「相撲知らないし……」という反応。みんなが大相撲を見ていないと気づき、衝撃を受けました。相撲の話が合うのは先生くらいでしたね。

●高校2年生のときホリプロタレントスカウトキャラバンのオーディションを受ける（2012）。オーディション中から相撲好きをアピールしました。そうして、現在は相撲関連のお仕事をさせていただいています。皆さまに感謝です！

●テレビ出演最初の仕事は、NHK大相撲中継の中入りで行われた関取訪問インタビュー（高校3年生）。2013 年十一月場所では魁聖関を、2014 年五月場所では臥牙丸関をインタビューしました。

この頃の角界は……

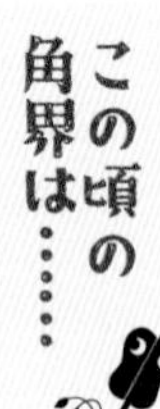

2011
5月、白鵬が7連覇を達成し朝青龍に並ぶ。7月、単独最多1047勝の記録を持つ魁皇が引退。

2013
遠藤が幕下付出の初土俵から3場所での新入幕。昭和以降では史上最速。高安が平成生まれ初の新三役に。

2014
鶴竜が横綱に昇進。白鵬、日馬富士を含め現役横綱がモンゴル勢3人となる。白鵬が32回目の幕内最高優勝を果たし、大鵬の史上最多記録に並ぶ。

この頃の世の中は……

2011
3月、東日本大震災が発生。FIFA女子ワールドカップでなでしこジャパンが初の世界一に。

2013
夏季五輪の東京誘致成功で、滝川クリステルが発した「お・も・て・な・し」が流行語大賞に。

2014
LED開発者など日本人3人にノーベル物理学賞。男子テニスの錦織圭が全米オープンで準優勝。

高校を卒業してから

●「大相撲トーナメント」の花道レポーター、生放送で力士の方にインタビューさせていただきました。臨場感みなぎるなかでインタビューできたのは勉強になりました。

●NHK のスポーツニュース番組では八角親方（今の相撲協会理事長）の隣に座らせていただく機会があり、とても楽しかったです。

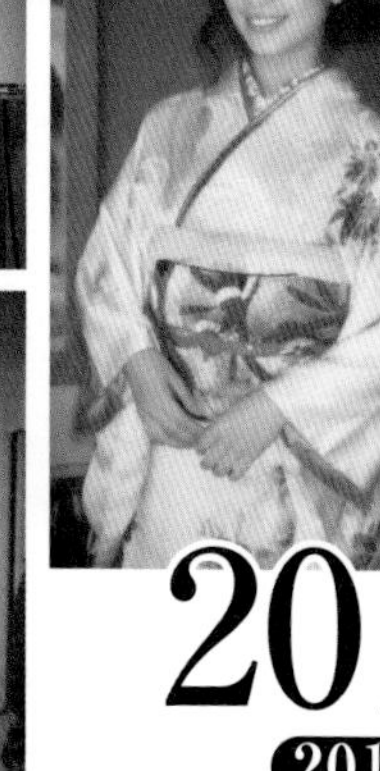

●「アメトーーク！ 相撲大好き芸人」(2017) で、ひな壇に上がれたことが嬉しい！ デーモン閣下、ナイツ塙さんなど、相撲好きの方と交流できました！

● NHKの特番「どすこい！ 夢の大相撲～令和元年　AI場所～」(2019) にも参加させていただきました。

20歳

2015

2015

5月、関脇照ノ富士が平成生まれ初の幕内最高優勝を果たす。11月、2代目琴ノ若が初土俵。親子3世代力士の誕生。

ラグビーの日本代表がワールドカップで南アフリカに歴史的勝利。五郎丸歩選手のルーティンが話題に。

2017

稀勢の里が横綱に昇進。日本出身の横綱誕生は19年ぶり。史上16例目の4横綱体制となる。

14歳の史上最年少プロ棋士、藤井聡太四段が29連勝を達成。「インスタ映え」が流行語大賞。

2019

1月、小結御嶽海が三役以下の力士として約35年ぶりの3横綱総なめ。9月、稀勢の里の引退相撲。

5月1日、令和に改元。レスリング・吉田沙保里、マリナーズ・イチローが現役引退表明。

2023

7月、落合改め伯桜鵬が新入幕。初土俵から主要3場所での新入幕は遠藤と並び最速タイ。

新型コロナが5類へ移行。WBCで侍ジャパンが14年ぶり優勝。ツイッターが「X」に変更。

2024

大相撲フォト散歩♪

ー両国ー　江戸NOREN

RYOGOKU
KOKUGIKAN

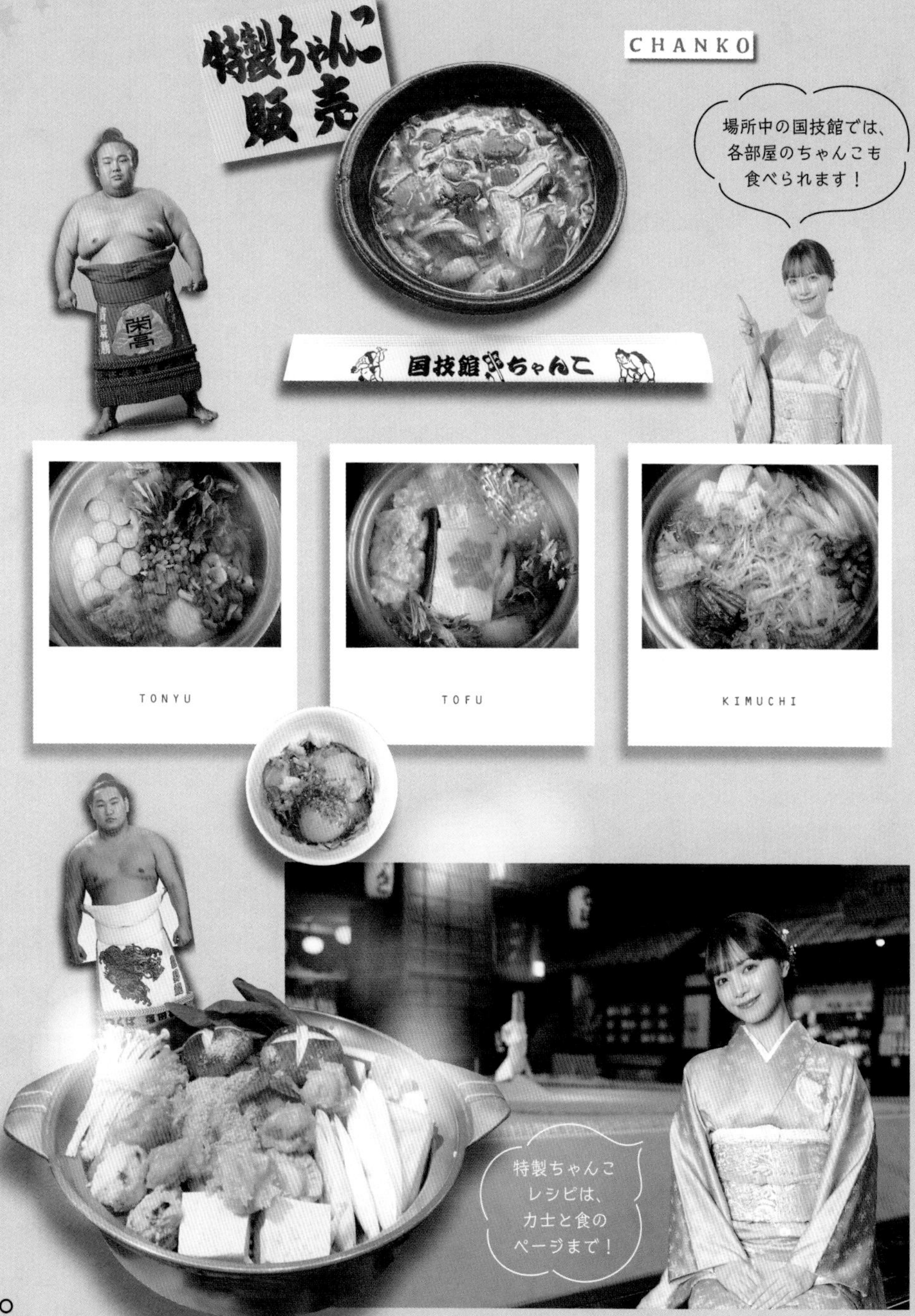

特製ちゃんこ
販売

CHANKO

場所中の国技館では、
各部屋のちゃんこも
食べられます！

国技館ちゃんこ

TONYU

TOFU

KIMUCHI

撮影協力　公益財団法人日本相撲協会、- 両国 - 江戸NOREN

URI

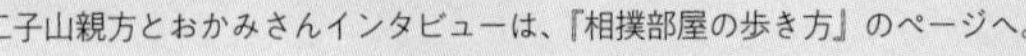
二子山親方とおかみさんインタビューは、『相撲部屋の歩き方』のページへ。

BERO

futagoyama

序章

稽古は大迫力！
稽古見学の方法やマナーについても詳しく解説しています。

序章

ryogoku etc.
Hanamichi
Sumo Objects
楽しいグッズや
場所もたくさん！
相撲、本当に
推せます！
Omiyage
Pamphlet
Omiyage
山根と
愛犬のむさしまる
と一緒に、いざ！
大相撲の世界へ！
Rikishi Panel

はじめに

はじめまして。大相撲をこよなく愛する山根千佳と申します。家族ぐるみで相撲が好きで、小学生の頃の旅行先といえば大相撲の現地観戦や両国近辺の相撲部屋の稽古めぐり。思い返せば、鳥取から東京へ出かけてきたというのに、定番のディズニーランドには行かず、相撲漬けの旅行でしたが、小学生ながらにとっても楽しんでいました。

子どもの頃はテレビでの相撲観戦が主でしたが、上京してからは現地で観戦も多くなりました。コアな相撲ファンであることが認知され、「相撲好きタレント」としてレポーター活動、バラエティー出演など、相撲関連のお仕事をさせていただき、大変幸せな日々を送っています。

相撲関連のお仕事をしていることもあり、時にこんな声を頂きます。

「相撲って敷居が高そう」「相撲は堅苦しいイメージ」

相撲を知らない方からしたら、そういったイメージもあるかもしれません。でも、実は皆さんが思っていることと反対で、実は相撲ってとっても親しみやすいんです！　現役の力士をはじめ、人気力士、スター力士であった親方たちのファンサービスも素晴らしく、友達かのように接してくださるのではじめてでも相撲を身近に感じられます。さらに、グッズやコンテンツも充実しているので、推し力士ができたら応援グッズで推すことも！　相撲は本当に推しがいがあるんです。

趣味や、楽しいこと、夢中になれることを探しているあなたも、大相撲の世界に足を踏み入れると、こんな素敵な体験が待っています。

・江戸時代へのタイムスリップ感を味わえる

国技館をはじめ、土俵上で力士たちがおりなす異世界感！　ほかでは味わえません。

・人気力士、スターとの距離感がめちゃくちゃ近い

歴代の大横綱とも、現役の注目力士とも気軽に接することができます。

・鍛えた巨体同士の真剣勝負！　ドキドキの取組

巨体の力士同士が真っ向勝負！　どちらが勝っても負けても感情が揺さぶられます。

・力士の激しいギャップに悶絶

取組のときの厳しい表情と、普段の優しく、愛くるしい表情のギャップがたまりません。

・1年の半分は推しをテレビやネットで観戦できる

大相撲の本場所は2ヶ月に1回行われ、テレビやネット配信で中継されます。無料配信をこんなに多く観戦できるスポーツはなかなかありません。

この本は、いろんな角度から大相撲の楽しみ方を解説し、興味を持ってもらえるような豆知識もたっぷり掲載しています。また、相撲が好きな方であっても、新しい発見や見方を得られるように心を込めて作成しました。

私なりの『大相撲の歩き方』。お楽しみいただければ幸いです。

第1章　大相撲の楽しい歩き方

Contents

第2章 推しのつくり方

部屋
SUMO STABLE

Chanko
Health
Nutrition
Power

第1章

大相撲の楽しい歩き方

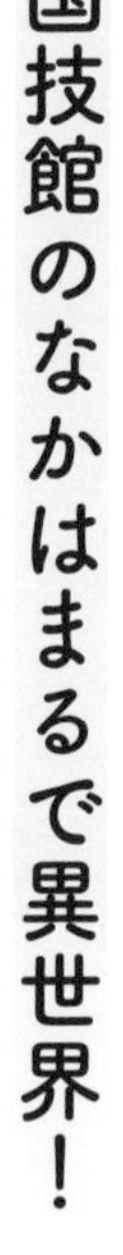

国技館のなかはまるで異世界！ 江戸時代へタイムスリップ

相撲の起源
野見宿禰と當麻蹶速の伝説の天覧勝負も起源の1つとして挙げられます。

相撲の一番の魅力は、ふだんの生活からかけ離れた世界観を体験できることだと思っています。江戸時代さながらの雰囲気、文化がずっと守られているのは、きっと相撲が日本の伝統文化だからこそ。そして壮大すぎる歴史があるからです。

相撲の起源は神話の時代にさかのぼるといわれています。『古事記』や『日本書紀』にはすでに力比べの説話がありますし、平安時代には農作物の収穫を占う祭りの儀式として行われてきました。そう、相撲はスポーツではなく、

土俵はなぜ丸い？

江戸時代までは四角い土俵もあったといいます。丸い土俵が正式となった理由は諸説ありますが、「丸い土俵での取組が最も面白かったから」というのがその1つ。円形なら相手から追い込まれても無限に回り込めます。

神に捧げる神事として始まったのです。

戦国時代の武家社会では強い力士を家臣として召し抱えるのが流行し、江戸時代に入ると全国で相撲が興行されるように。このあたりから今の大相撲の形ができてきます。土俵の原形や、よく耳にする相撲の決め技の原形といわれる「四十八手（しじゅうはって）」もすでにこの頃にはあったようです。当時は四十八手だった決まり手の数が、現在では八十二手となりました。

一方で「横綱」という地位がはっきり定まったのは、明治後期になってから。皆さんが当たり前に見ている相撲の、土俵の形や「白星」「黒星」といった言葉など、全てにおいて奥深い由来や歴史があるんですよ。それらを1つ1つ調べていくだけでも、本当に楽しいと感じています。

力士の世界は階級社会！

「強くなりたい」を支える力士の心得

力士は強さだけでなく、人としても手本にならなくてはいけません。そのために力士心得があります。強くて優しいお相撲さんだからこそ、老若男女に愛されるんです。

大相撲のトップは言わずと知れた横綱。長い相撲の歴史でも、横綱はなんと70人ほどしかいません。その下に三役、前頭、十両、幕下——と続きますが、階級によってお給料はもちろん、服やファンへの対応などに違いがあります。

私自身、初対面の力士にお名前を尋

力士心得

一、我々は力士の本分である
　礼儀を重んじます

二、我々は先輩の教えを守り
　稽古に精進します

三、我々は服装を正し
　体の清潔に心掛けます

四、我々は暴力を排除し
　自覚ある行動を心掛けます

公益財団法人　日本相撲協会

【番付と階級による違い】

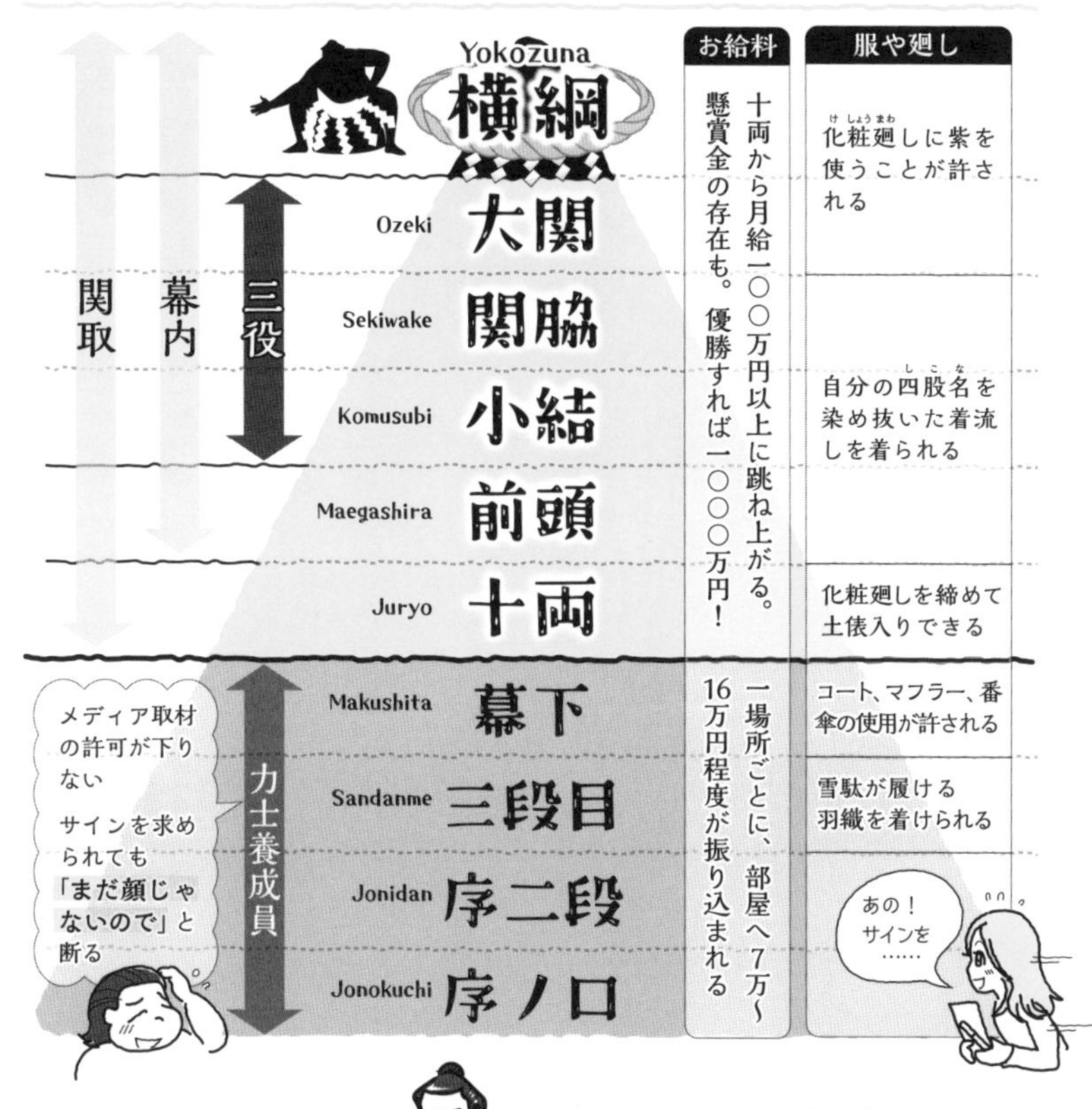

ねたところ「まだ顔じゃない（※そのような身分ではない）ので。強くなったら覚えてください」と言われたことが。厳しい階級社会だからこそ悔しさをバネに頑張れるのでしょう。

ファッション関連については、58ページで改めて深掘りします！

CHIKA'S SHOKKIRI

横綱はなぜ刀を持っている？

横綱が日本刀を持つ写真を見たことがありますか。土俵入りの際は、「太刀持ち」と呼ばれる力士が右手に太刀を掲げます。これは江戸時代に強い力士が大名に召し抱えられ、帯刀を許されたことに由来するそう。なんともカッコいい姿です。

力士は「ぽっちゃり」？ いいえ、大きな誤解です

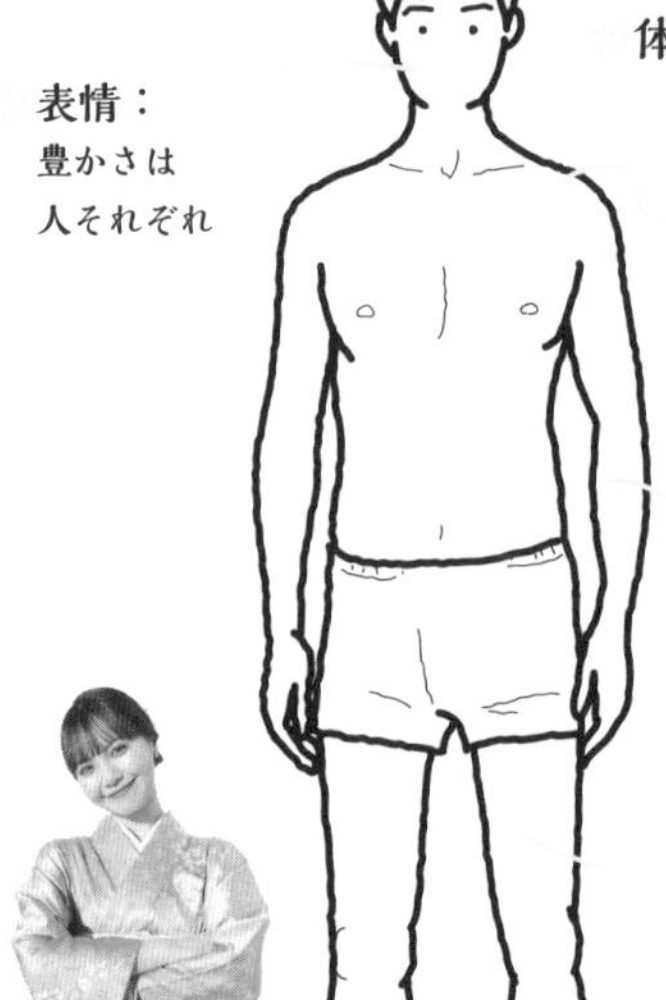

厳しい稽古を積み重ねた力士の体は、まさに人間離れしています。なかには身長と体重が同じといった、マスコットキャラクターさながらの体形をしている例も。とくに注目してほしいのが、横から見たお腹の張りです。雪だるまかトトロかというくらい迫力があって、せり出したお腹を武器にしている力士も多くいます。

かといって、力士はただ太っているわけではありません。体脂肪率は20代の女性並みに低く、触れば驚くほどの

【日本人の平均的な男性と力士の比較】

力士

身長：185cm（幕内力士）
★高身長力士の例：琴欧洲（202cm）

体重 162kg（幕内力士）
★重い力士の例：大露羅（292.6kg）

表情：
土俵では闘志溢れ、ひとたび土俵を下りればにこやか。ギャップがたまらない！
調子がよいと歩き方、表情も自信に満ち溢れています

体脂肪率：
健康的とされる体脂肪率20%前半

筋肉のつき方：
- 首・肩の筋肉
ぶつかり稽古を熱心にする人は、ラクダみたいなこぶが盛り上っています
- お腹
相手を自分のお腹にのせて制する技術もあります。お腹も武器なんです！
- お尻の筋肉
引き締まっているほど強いです

肌のハリ：
調子のよい力士は汗をキラキラ弾くほど、ハリつやがあり、照明があたって輝いて見えます

足のサイズ：
30cm超え多数

固さがあります。また、体一つを武器にしているので、自分の戦法に合わせて筋肉のつき方が違っているのも面白いところ。体つきを見れば、どんな相撲が得意な力士なのか、今場所の調子はよいのかどうかがおおよそ分かります。

CHIKA'S SHOKKIRI

力士の体毛にも注目を

最近は美意識の高まりにより、脱毛サロンに通う力士がけっこういるようです。そんな力士は肌がツヤツヤ。一方で毛深い力士もまだ大勢いて、激しい稽古をすると摩擦で毛が抜けていきます。「今場所、毛が薄いな」と感じたら、それだけ稽古を積んでいる証拠です。

とってもシンプル

誰もが分かる相撲をおさらい

相撲のルール

土俵から出たら負け

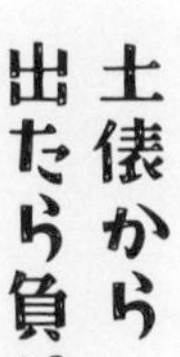

土俵外の砂に体の一部が先に（早く）ついたら負け。俵の上に足をのせていたら、まだ大丈夫。

髷（まげ）をつかんだら負け

故意でつかんだわけでなくても負けになります。

足の裏以外が土俵についたら負け

足の甲がついても負けになります。

珍しい負け方

廻しが外れ落ちたら負け

廻しが緩んだり、結び目がほどけそうになったら、行司が素早くストップをかけ、締め上げて取組を再開します。

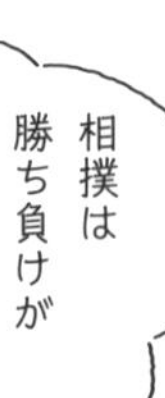

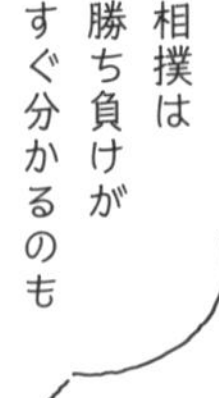

相撲は勝ち負けがすぐ分かるのも魅力の1つ。まずはこれだけ覚えれば大丈夫！

取組の流れ

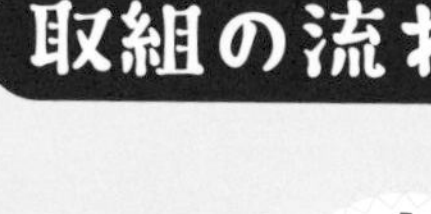

立合い

●両者が土俵の仕切り線に手をつき、タイミングを合わせて（あうんの呼吸）立合い、取組が開始です。行司の「はっけよい、のこった」で始まるわけではありません。仕切りの制限時間は幕内4分、十両3分、幕下以下は2分です。

取組

●平均わずか4秒で勝負が決まるのが大相撲の世界。制限時間は設けられておらず、6分を超えた例もあります。

軍配

●勝った力士に軍配が上がり、両者、礼をして終わります。懸賞がある取組であれば、勝ち力士は懸賞金を受け取ります。

どっちだ？

死に体（たい）

●体の重心を失って、自分では戻れない状態になったら、相手の方が先に砂がついていても負けになります。

「かばい手」はセーフ、「つき手」は負け

●下になった取組相手が「死に体」であり、相手をかばうために手をつく「かばい手」は、負けとは判断されません。しかし、相手が「死に体」でなかった場合は「つき手」と判断されます。先に手をついていたら負けです。

観戦ポイント

五感で楽しむ
相撲を全身で体感しよう！

大相撲は、大きな体格の力士が全力でぶつかり合うスポーツです。生観戦の場では、その目で見るのはもちろんのこと、音や匂い、味、そしてその場にいるさまざまな人との触れ合いを楽しむことができます。

大相撲の魅力を、全身で受け止めましょう！

視覚 Sight

力士の大きさ、相撲の錦絵が飾られた会場内の色鮮やかさ、行司さんや呼出しさんの装い（よそおい）などなど、見るもの全てが面白い！　高層ビルが建ち並ぶ大都会の真ん中で、昔の日本を体験できるギャップにワクワクします。

味覚 Taste

大相撲は食の宝庫。国技館で一番人気の「国技館やきとり」、日本相撲協会の公式キャラクター「ひよの山」を使った「ひよちゃん焼」、相撲部屋プロデュースのちゃんこ鍋など、美味しくお腹を満たしてくれる食べ物がたくさんあります。

聴覚 Hearing

取組が始まると、巨体が激しくぶつかり合う「バチン！」という音が聞こえます。この音が会場内に響き渡るように、国技館では土俵の上からマイクが吊るしてあります。はじめて間近で聴く人は「交通事故でも起こったの？」と思ってしまうくらい衝撃的でしょう。触れ太鼓や拍子木の音も、大相撲ならでは。立合いのときの静寂には、緊張が走ります。

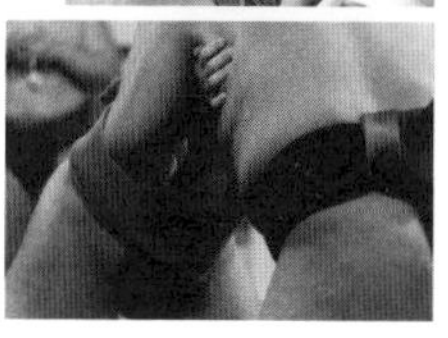

嗅覚 Smell

力士の整髪料である鬢付け油は、ベビーパウダーのようなふんわりと甘い香り。「芳香剤として1つ欲しい」とすら思ってしまうかも。飲食が自由な席では、お酒とお弁当のいい匂いが辺りをつつみます。

触覚 Touch

昔のスター力士と触れ合えるのが生観戦の醍醐味。引退力士が親方としてスーツ姿で歩いていたり、売店のレジにいて「ありがとう」と笑顔でやりとりしてくれたり。「誰が優勝すると思いますか？」なんて話題にも普通に答えてくれます。驚きですよね。

CHIKA'S SHOKKIRI

美味しいものは関係者に聞け！

売店には休憩時間の呼出しさんや行司さんの姿も。話しかけると気さくに答えてくれるので「何を買うんですか？」「オススメは？」と尋ねてみると、きっといい買い物ができますよ。

初心者に捧げる豆知識

取組以外にも気になることが……

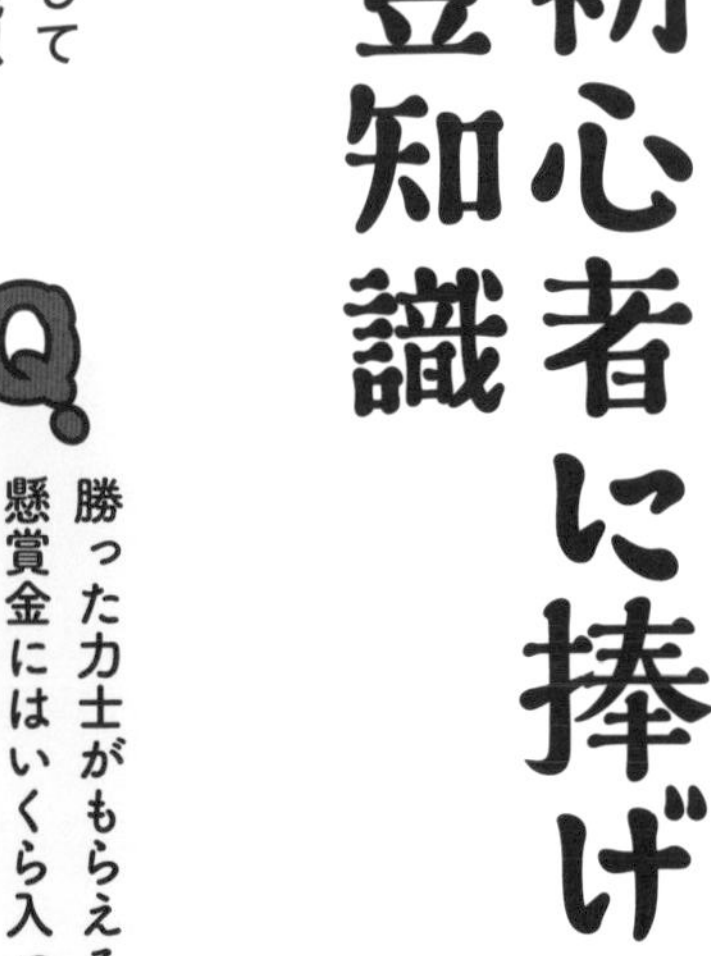

見て楽しいポイント

大相撲を観戦していると、力士の対戦以外にも気になることがたくさん出てくると思います。Q&A形式で、いろんな疑問にお答えします。

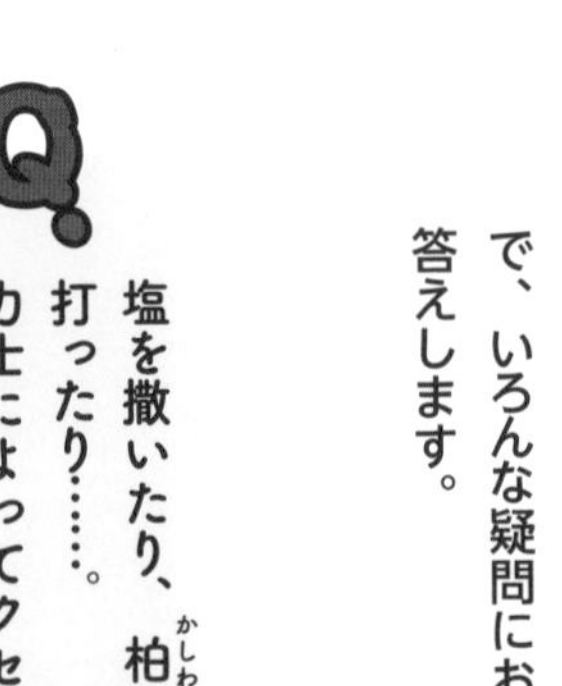

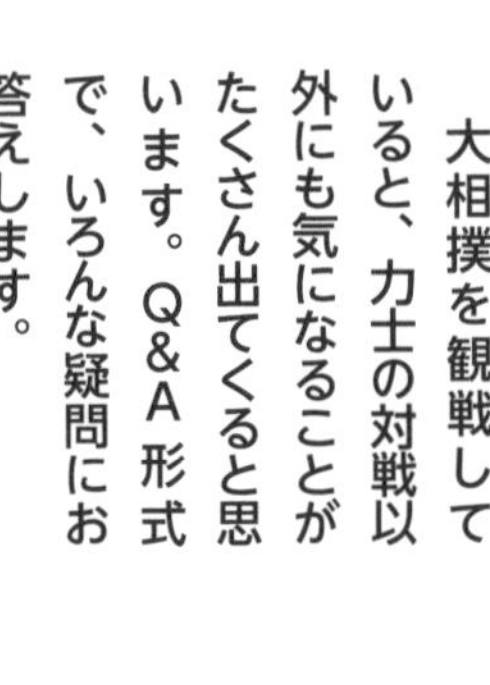

Q 勝った力士がもらえる懸賞金にはいくら入っているの？

A 1本につき7万円が入っています。このうち力士の取り分は6万円ですぐ貰えるのは半分の3万円。もう半分は協会が積立て、引退するとき全額貰える仕組みです。

力士も人間なので、懸賞金が掛かると気合も一層入ってくるようです。懸賞金は、より頑張れる理由の1つかなと。恩返しとして、力士人生で最初に貰った懸賞金を親方に渡すのが夢という力士が多いです。

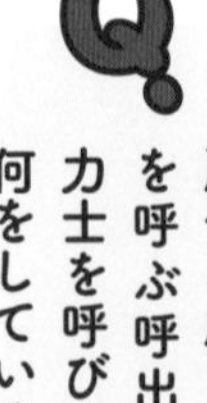

Q 扇子を広げて力士の名を呼ぶ呼出しさんは、力士を呼び出すほかに何をしているの？

A 呼出しさんは部屋に所属していて、力士と共同生活をしています。本場所の土俵づくりや、触れ太鼓なども呼出しさんが行っています。

割り当てられるお仕事は部屋によってさまざまです。なかにはお部屋の裏方のお仕事を任されることもあるようです。

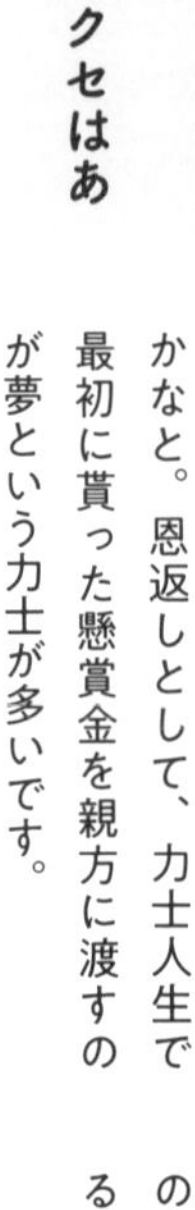

Q 塩を撒いたり、柏手を打ったり……。力士によってクセはあるの？

A. もちろんあります。塩を大量に撒くといえば、有名なのが元関脇の水戸泉関ですね。ブワーッと大量に撒く人もいれば、宇良関のようにちょっとだけ撒く人もいます。高安関は最後に塩を舐めたりします。

これらの仕草は、クセというよりは勝つためのルーティンです。土俵に入るときに右脚から入るとか、一口水を飲むとか、付き人さんにバーンと背中を叩いてもらうとか。以前行ったとき勝てた仕草を、ゲン担ぎのため次回からも必ずやると決めると、自然にルーティンができていくのでしょう。1場所連続で見れば、誰がどんなルーティンを持っているかがよく分かります。

Q. 行司さんは取組のない日に何をしてるの？

A. 取組の進行や判定を担当している行司さん。ほかに大事な仕事として、番付表や電光掲示板の文字などを書くことがあります。

番付表は「相撲字」と呼ばれる独特な書体で、上手に書けるようになるまで長くかかります。

実は、行司さんの世界も力士と同様、階級社会なんですよ。最高位の立行司は結びの一番のみ、あるいは結び前の二番のみを裁きます。ついで三役格行司、幕内格行司、十両格行司などがいて、服装そのものや服の色が違います。

Q. 案内してくれるお茶屋さんに心付けが必要と聞いたけど、ホント？

A. お茶屋さんからチケットを購入した場合、相撲茶屋の出方さんが席まで案内してくれたり、依頼した飲食物を持ってきてくれたりすることがあります。観戦がスムーズにできるよう尽くしてくれる出方さんに心付け（チップ）として現金を渡す習慣もありました。

しかし今では、心付け文化を知らない新しいファンも増えていますし、基本的に強制的ではなくなっています。一方で、昔ながらのファンのなかには、今でも心付けを渡している方もいらっしゃいます。

観戦が絶対楽しくなる！ オススメのシチュエーションと席種

こんな人にオススメ

1人で集中して観戦するのもよし、誰かと一緒もよし。一緒に行った人の「また来たい」が聞けると、相撲ファンとしては感無量！

敬老の日におじいちゃん、おばあちゃんと

祖父母孝行をしたいならぜひ！　昔の知識を教えてくれるので、学びの場にも。高齢で足元が気になるなら、**椅子席最前列の端っこ**がオススメです。

記念日に両親と

千代の富士世代や若貴世代の両親と。**枡席前方**なら特別感が増します。

スポーツ・格闘技好きの友人と

一対一のぶつかり合いが好きな人はハマりやすい。本気で観戦したいならぜひ一瞬も目を離せない**溜席**で！

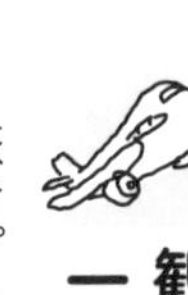

観光の一環として

旅行プランに入れたり、外国の友人をお誘いするのもオススメです。その際は、臨場感ある**枡席を！**

【両国国技館　席種の解説】

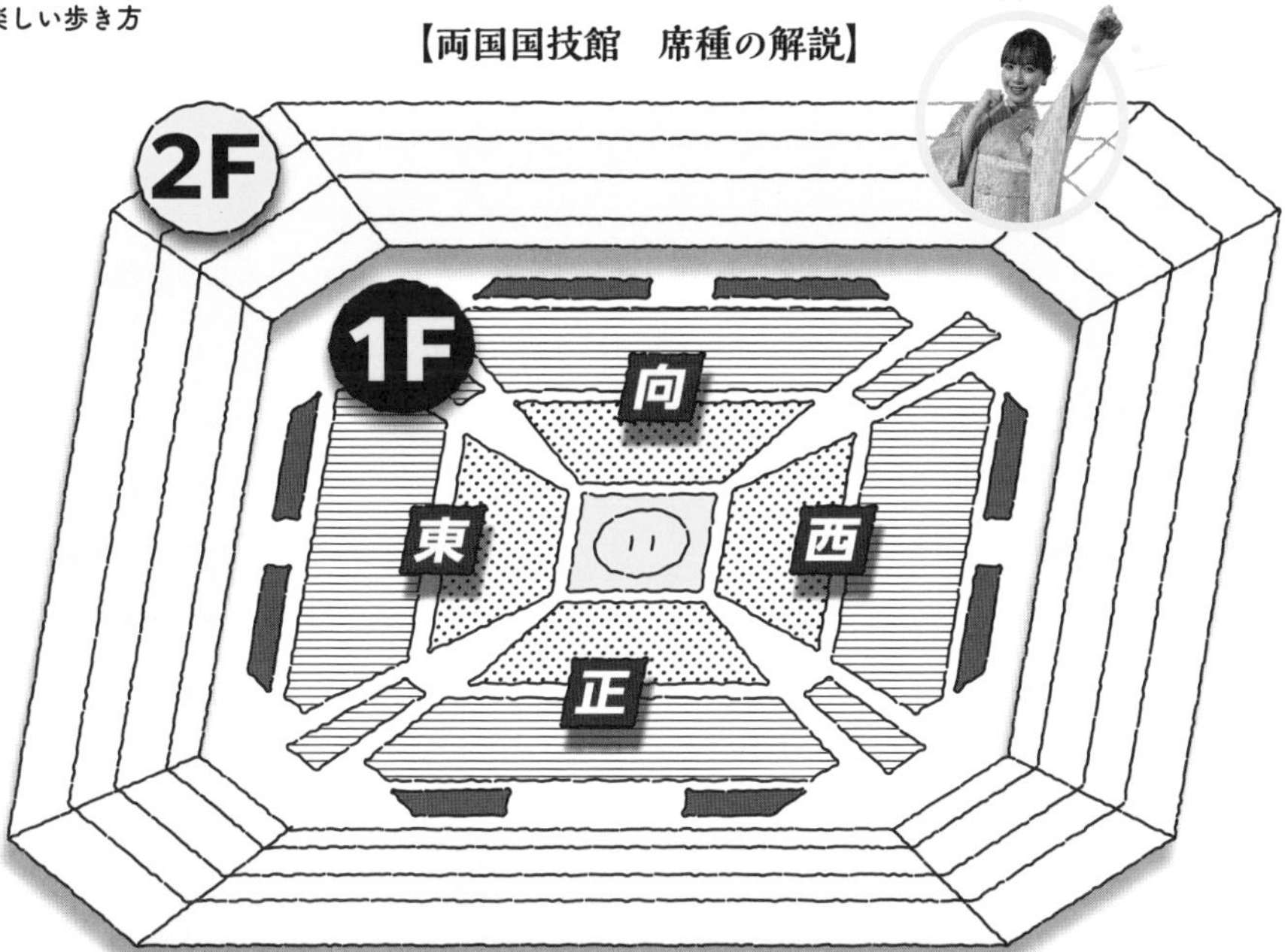

2F
1F
向
東
西
正

- 溜まり席：土俵に最も近い座布団席。飲食・撮影禁止。
- 枡席：鉄パイプで囲まれ、座布団が敷かれた1階席。
- 椅子席：2階にある、椅子に座れる席。
- ボックス席：丸テーブルがついた椅子席。両国国技館のみにある。

「和装day」に着物で

場所中に「和装day」が数日設けられます。着物好きな人は貴重なお出かけの機会になりますよ。**席は意外とどこでも大丈夫**です。

着物の皆さんがあまりにキレイなので、私も先日和装デビューしました！

戦法

攻撃の基本形は2つだけ

観客と一体になって取組を見守ろう

相撲の取り方、攻撃の形のことを「取り口」といいます。取り口を大きく分けると、**四つ相撲と押し相撲**の2つ。四つ相撲はさらに、廻しの取り方で名称が違います。この基本だけでも押さえておきましょう。

歴代の力士を見ていると、四つ相撲が得意な方が横綱になる確率が高いようです。ただ、本当に強い人はやはり万能。四つだけでなく、押しも強いです。

また、一口に四つ相撲といっても、やはりそれぞれ得意な型があります。上手投げが得意な方は豪快な相撲を取るイメージ、下手投げが得意だと、落ち着きや巧みさを感じます。そして、相撲は駆け引き。上手に力を入れていると見せかけて下手で決めるといったフェイントも仕掛けているので、よく注目してください。

取組中の力士が得意とする型になると、観客がわきます。格下の力士が得意な型に持っていけたときは「行け！」という歓声が。逆に、強い力士が得意な型を取ると「ああ、勝負が決まっちゃった……」というため息が。でもそれは「強すぎるよ～」と感嘆する、いい意味のため息です。

四つ相撲

体を密着させ、互いの廻しをつかもうと組み合う形。右手を相手の左脇下へ通して廻しをつかもうとする体勢を「右四つ」、反対なら「左四つ」といいます。

また、相手の腕の下から廻しを取ることを「下手」、相手の腕の上に自分の腕を回して廻しを取ることを「上手」といいます。

押し相撲

体を密着させず組まずに、突き押して勝負を決めようとする形。相手の上半身を突いて攻める戦い方と合わせて、「突き押し相撲」ともいわれます。

ぶちかまし

相手の体に勢いよくぶつかっていくこと。立合いの基本は、このぶちかましです。

のど輪

相手ののどをはず（親指とほかの4本の指をY字にした形）にして当てて押すこと。

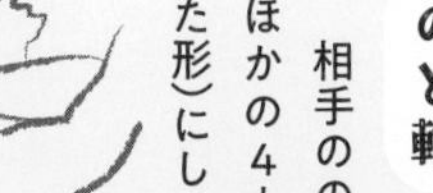

基本的な決まり手と……山根好みの決まり手、珍手

決まり手

勝敗が決まったときの技を「決まり手」といいます。82手の決まり手から、覚えておいてほしいものと、私の好きな決まり手、一度は見てみたい珍手をご紹介します。

【よく出る決まり手】

押し出し

両手、あるいは片手をはずの形（親指とほかの4本の指をＹ字に開くこと）にし、相手の脇や胸に当てて土俵の外に出す。

はたき込み

相手が低い姿勢になったとき、体を開きながら相手の肩や背中をはたき、手などを土俵につかせる。

上手投げ

四つに組み、上手で廻しを取り相手の体勢を崩して投げる。

寄り切り

相手に体を密着させ、前や横に進んで土俵の外へ出す。

上手出し投げ

上手を取った肘で相手の腕を極め、廻しを取っていない方の足を引いて体を開き、押し出すように相手を前に投げ倒す。

推しポイント

一瞬の投げに緻密な戦略が練られている感じがすごく好きです！

山根好みの決まり手

吊り出し

正面から相手の体を抱え上げて土俵の外に出す。

推しポイント
力士のパワーがよく分かる決まり手。会場もわきます！

勇み足

相手を土俵際に詰めながら、勢い余って自分の足が先に土俵の外へ出してしまう。

推しポイント
攻める姿勢が溢れていて、負けても好印象。負ける本人は嫌でしょうが…

うっちゃり

土俵際で腰を落とし、体を反って相手の体を自分にのせ、左右にひねって外へ投げ出す。

推しポイント
どんでん返しにテンションが上がります。お相撲は、最後の最後まで勝負が分からない！

【登場割合0.01%!? 見られたらラッキーな珍手】

一本背負い

相手の片腕を両手でつかんで体を担ぎ、前に投げ倒す。豊昇龍(ほうしょうりゅう)関が一本背負いで投げたときの歓声……すごかったです！

居反り(いぞり)

上にのしかかってきた相手の足を抱え上げ、後ろに反って倒す。反り系の技は宇良関が得意。めったに見られない技です！

たすき反り

相手の差し手の肘を抱えて腕の下にもぐり込み、もう一方の手で相手の足を内側から取り、たすきを掛けるように相手を後ろに反って倒す。

いざ大相撲観戦へ！

両国・国技館 本場所の歩き方

大相撲観戦を生で体験したい方へ、オススメのタイムスケジュールをご案内。

観戦のタイムスケジュール

※時間は目安です。千秋楽に近くなるほど開場や取組が始まる時間が遅くなり、終わりの時間が早まる可能性があります。

私は朝から行くこともあります！

◀土俵上のタイムスケジュール

8:30

○開場

9:10

○前相撲

（新弟子検査に合格した力士や番付外力士が3日目以降（三月場所は2日目）に取る相撲）

【両国国技館】

DATA

●行われる本場所／一月・五月・九月場所

●住所／墨田区横網1丁目3−28

●アクセス／JR両国駅西口より徒歩2分、都営地下鉄両国駅A3出口より徒歩5分

★

第1章
大相撲の楽しい歩き方

幕下上位戦は十両に上がれるかどうかの勝負！十両に上がるといいお給料が出るので、力士はみんな気合が入っています！ぜひ見てほしい。となると、待ち合わせは12時がベスト。国技館までは映えスポットがいっぱいあるのでたくさん撮影して！
巨大のぼりはムービーで撮ると風になびいてとてもキレイ。異世界のような空間へ、どんどん引き込まれます。正面入口は夢のパラダイス。かつて関取だった親方がチケットの確認（もぎり）を！言葉も交わせます。

相撲の神さまを祀った神社。推しが勝てるようお参りはいかが

時間に余裕があったら野見宿禰神社へ
【両国駅東口より徒歩12分】

◀観戦者のタイムスケジュール

9:20
○序ノ口取組
○序二段取組
○三段目取組
○幕下取組

12:00
○両国駅西口で待ち合わせ

12:15
○両国国技館へ到着／受付
●自分の席を確認

撮影スポット

■西口改札
・「満員御礼」の垂れ幕
・歴代横綱との手形、背比べができるコーナー
・優勝額
■国技館入口付近
・力士の四股名が書かれた色とりどりの巨大のぼり（写真）

★ソフトクリームがオススメ！
館内での撮影なら1階より自然光の入る2階へどうぞ。国技館ぽさを味わって！

撮影スポット
・顔出しパネル
・壁に貼られた力士の顔写真

●1階を散策
売店で食べ物を購入
公式グッズ売店へ

●2階を散策
売店で食べ物を購入

●地下を散策
大食堂でちゃんこを堪能

13:30
○自分の席へ戻る
・幕下上位の取組を観戦
・入り待ち

推しの出番が終わったら出待ちもオススメ。1階西側入り出待ちスポット、または南門付近で待っていると、力士が退場してきます。入り待ちのときと違ってサインや写真、お話しOK。多くの出待ちの方がいるので、安心です。

大相撲は1日1回、再入場可能。中入り時間に限らず、外の空気を吸いに出てみても。国技館の周りはお店がいっぱい。「両国國技堂」の名物、あんこあられは絶品。

○観戦

14:15
※初日は14:05頃
○十両土俵入り
（化粧廻し姿の十両力士たちが登場）

14:35
○十両取組

15:40
※初日は15:30頃
○幕内土俵入り
（幕内の力士たちが化粧廻し姿で土俵を1周）

★一番人気のやきとりを！
推し力士の名入りタオルをゲットして。「この色が好きだから」という理由でもいい。思い出になります。
また、親方プロデュースのグッズが本当にカワイイ！しかも親方がレジを担当してくれます。

毎場所、違う部屋が監修するちゃんこは、力士が本当に食べている味。推し力士も食べているかとテンションが上がります。応援に向けて腹ごしらえを！

幕内力士の会場入りを、1階西側の客席から入り出待ちができるスポット、もしくは外の南門付近で待つ。推しが取組に臨む表情を見て。

15:55
○横綱土俵入り
（横綱が太刀持ち、露払いを従えて土俵入り）

中入りの休憩時間のトイレは混んでいるので、少し時間をずらすとgood！
休憩時間にトイレをすませる

16:00
○中入り

16:10
○幕内取組

17:55
○弓取り式
（結びの一番の勝者に代わり、ほかの力士が弓を華麗に回す儀式）

18:00
○打ち出し（終了）

○国技館を出てちゃんこ屋さんへ

国技館の周りはちゃんこ屋さんがいっぱい。予約必須です！野菜たっぷり、栄養バランスのよいちゃんこを食べながら、今日の取組について語りましょう。お店ならではの、上品な味を楽しめます。

○解散

終了直後は混み合っている両国駅ですが、夕食後は比較的空いています。タクシーもつかまりやすいはず。

相撲でしか見られない想像を超えた弓さばき。四股に声を合わせることで生まれる一体感が◎。映画のエンドロール見る派の人にオススメです。

大阪場所、名古屋場所、九州場所 それぞれの特徴や違いをご案内

大阪・名古屋・九州場所の歩き方

大阪、名古屋、九州では1年に1回ずつ本場所が行われます。

どの会場も、それぞれの魅力たっぷりです。

共通しているのは、その土地出身の力士を応援する声がとても大きいこと。ご当地力士への愛を感じてください。

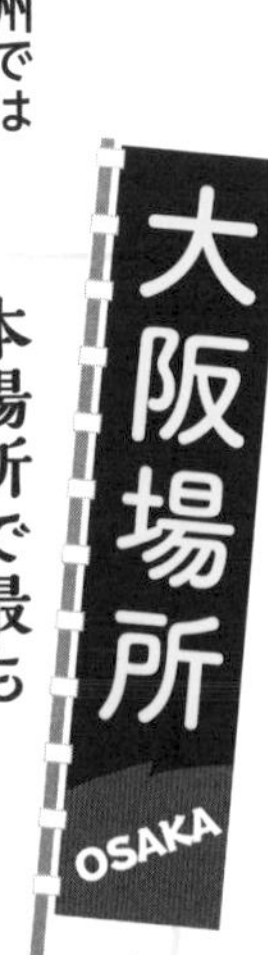

三月場所

本場所で最も力士を近く感じられる

本場所が行われる会場で最も小さく、それゆえに力士が近い！一番後ろの席でも取組が見やすいのは、ファンにとって嬉しいことです。

フランクなお客さんが多く、隣の席の人が話しかけてくれるので、1人の参戦も寂しくありません。地域性ですよね。大阪場所は新弟子が多く入門してくる時期に重なるので「就職場所」とも呼ばれています。千佳

撮影スポット

会場入口に歴代の横綱名が書かれた粋なゲートがあり、それを見ると「大阪場所に来たんだな」と感じます。

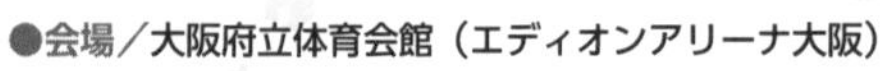

DATA
- ●会場／大阪府立体育会館（エディオンアリーナ大阪）
- ●住所／大阪市浪速区難波中3－4－36
- ●アクセス／地下鉄各線 なんば駅から徒歩5分

名古屋場所

Nagoya

七月場所

年々暑くなるが充実度はお墨付き

暑い季節なので力士もファンも体力勝負。名古屋場所で販売されている、歴代横綱名が書かれている扇子で涼みましょう。ミニ扇風機があるともっといいですよ。

名古屋で私が楽しみにしているのがグルメです。食堂や屋台など食事が充実していて、味噌カツがとくに美味しい。親方や取組を終えた力士が当たり前に食堂へ入ってくるので、隣でひつまぶしを頬張る姿を見られるかも。新しい体育館も楽しみです！ 千佳

撮影スポット

入口にお酒の樽がズラリと並んでいるところ！ 逃さず撮りましょう。

DATA

- ●会場／ドルフィンズアリーナ（愛知県体育館）
- ●住所／名古屋市中区二の丸1－1
- ●アクセス／市営地下鉄名古屋城駅より徒歩5分

※新体育館の移転新築工事が行われており、2025年夏にオープン予定。市営地下鉄名城公園駅より徒歩1分の立地になる

九州場所

Kyushu

十一月場所

開放的な空気感がどこよりも好き

当日でもチケットを購入しやすい穴場。海がすぐそばにあって、都市部にあるほかの会場とは違う、澄んだ空気を感じられます。また会場が広いので、射的など子どものための屋台が出ていることがあり、娯楽の面でも充実しているのが特徴です。

絶対食べてほしいのが屋台で売られている太宰府名物「梅ヶ枝餅」です。できたての温かさ、もちもちの生地に包まれたあんこ。たまりません。千佳

撮影スポット

大看板の両隣に並んだ力士ののぼり！ それぞれに力士の四股名が書かれているので、推し力士ののぼりを見つけて。

DATA

- ●会場／福岡国際センター
- ●住所／福岡市博多区築港本町2－2
- ●アクセス／市営地下鉄呉服町駅より徒歩10分

JR博多駅よりバスで約11分、「国際センターサンパレス前」下車、徒歩すぐ

テーマパークのパレードみたい！

春夏秋冬 地方巡業の歩き方

力士は本場所がない期間中、国内各地にやって来て相撲を披露してくれます。これを「地方巡業」といい、取組の勝敗に番付が影響しないのでゆったりした気持ちで観戦できます。強い力士が一同に集い、握手やサイン、撮影などファンサービスしてくれるので、相撲ファンにとっては夢のようなお祭りです。

力士は１年かけて日本全国を回る「会いに来てくれるアイドル」。もちろん、地元の人でなくてもチケットさえ取れれば入れます。推し力士の地元で開催される巡業に行けたなら、聖地巡礼ができるうえ、地元の熱っぽい声援も体験できて感動！

地方巡業のタイムスケジュール

※時間や内容は開催地によって変わることがある

内容

9:00頃

○開場
○朝太鼓
呼出しが太鼓を打ち鳴らす
○幕下以下の稽古

会場の環境は開催地によってさまざま。マイスリッパを持参するなど、下調べしたうえで準備しましょう。

9:30頃

○十両・幕内稽古
地元の子どもたちとも稽古を行う

ふだん違う部屋にいるライバルたちとの稽古が見られる貴重な機会。「巡業の稽古で強い人が、次の場所で強い」が相撲界の常識。近く活躍する力士を予測できます。

12:00頃

○取組開始
まずは幕下以下の取組。
取組の合間に「お好み」として以下のイベントが入る。

・しょっきり
相撲の禁じ手や珍手をコミカルに実演。ふだんの取組では見られない大胆な動きに注目。

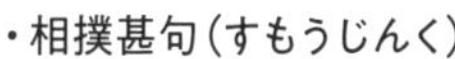

・相撲甚句(すもうじんく)
のど自慢の力士が江戸時代から相撲の世界に伝わる甚句を歌い上げる。オリジナルな歌詞が笑いを誘うことも。

・櫓太鼓打分(やぐらだいこうちわけ)
呼出しが寄せ太鼓と跳ね太鼓の打ち分けを披露。
開催地によっては以下のようなイベントがある。

・髷結いの実演
・横綱の綱締め実演

地方巡業の花道はお客さんと、力士との距離がとっても近い！　取組が終わり、会場を後にするときにサインや撮影も可能です。本場所中に不可能なことが、巡業では叶います。

13:30頃

○十両土俵入り
○十両取組
○中入り
○幕内土俵入り
○横綱土俵入り
○幕内取組
土俵入りの際、人気力士が地元の赤ちゃんを抱えて登場することも。

ご当地力士に花を持たせたり、あえて大熱戦となるよう盛り上がりどころが用意されていたり。遊び心たっぷりの取組が見られます。パフォーマンスに近いですね。

15:00頃

○弓取り式
○打ち出し(終了)

大相撲観戦をより楽しむために
持ち物をチェックしよう

持ち物

基本の持ち物

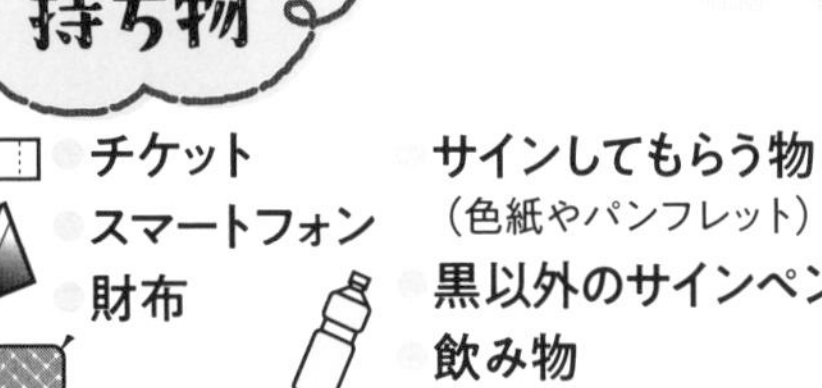

- チケット
- スマートフォン
- 財布
- サインしてもらう物（色紙やパンフレット）
- 黒以外のサインペン
- 飲み物

サインしてもらう物はなんでもいいですが、私は毎年発行される『力士名鑑』を持ち歩いていて、その力士の写真が掲載されているページにサインをお願いしています。

また、黒いサインペンは「黒星」を連想させるので、縁起が悪いと嫌がる力士もなかにはいます。白や金のマジックがオススメ。金色は「金星」につながるので、とくに喜ばれるでしょう。そこまで気を遣えれば、相撲ファンとして一流！

あると便利な物

- オペラグラス（2階席）
- 折りたたみの正座椅子（溜まり席、枡席）
- 携帯ラジオ
- カメラ

私は2階席でも土俵が遠いとは思いませんが、オペラグラスを持っている人は多いです。スマホやラジオで解説を見たり聴きながら臨む猛者もいます。

季節に応じた持ち物

【夏】ミニ扇風機、扇子、うちわなど
【冬】貼るカイロ

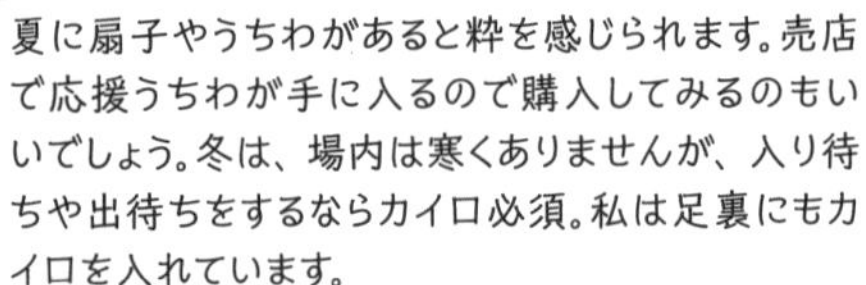

夏に扇子やうちわがあると粋を感じられます。売店で応援うちわが手に入るので購入してみるのもいいでしょう。冬は、場内は寒くありませんが、入り待ちや出待ちをするならカイロ必須。私は足裏にもカイロを入れています。

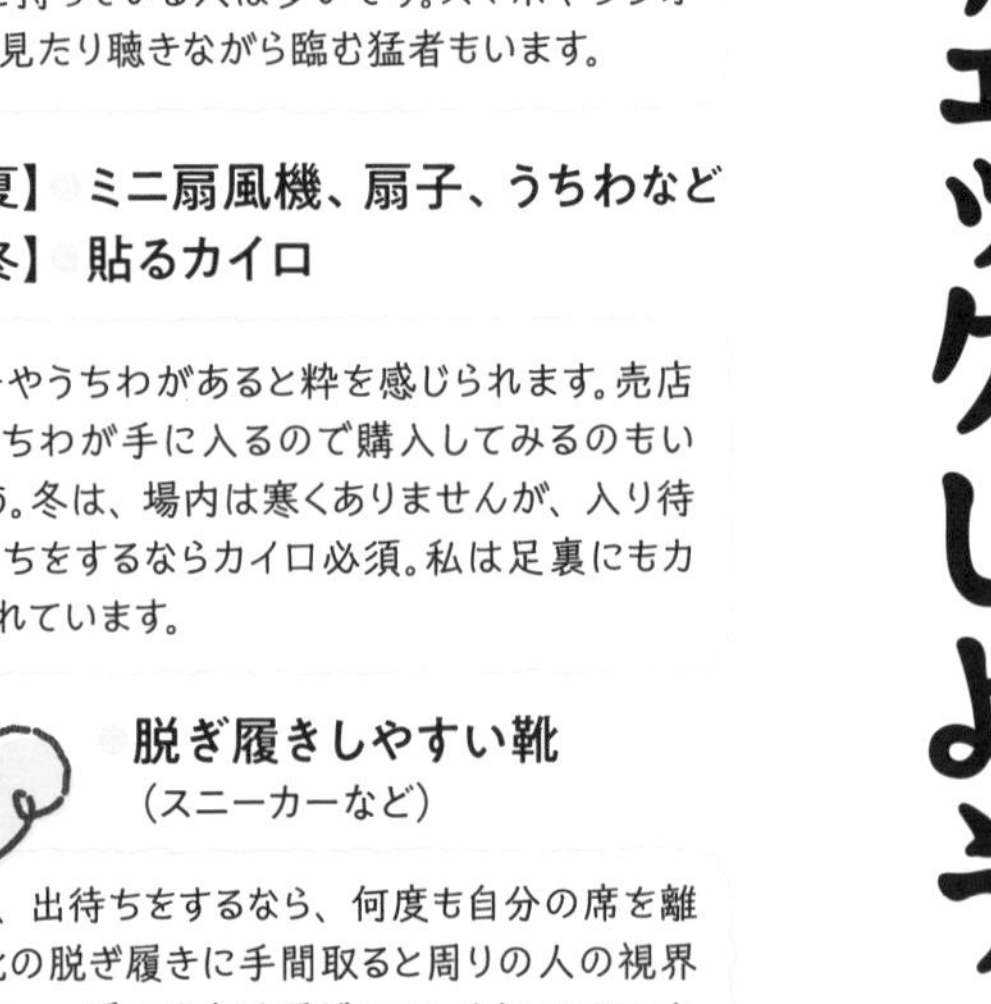

服装

- 脱ぎ履きしやすい靴（スニーカーなど）

入り待ち、出待ちをするなら、何度も自分の席を離れます。靴の脱ぎ履きに手間取ると周りの人の視界をさえぎり、一瞬の取組を見逃してしまうことにつながるため、サッと履ける靴がオススメです。

イベント

無料で力士に会える機会も！
開催イベントを要チェック

本場所・巡業以外にも、取組を観戦したり力士と触れあったりできるイベントがこんなに！

奉納土俵入り

参加費　無料

確認方法　日本相撲協会 HP「相撲カレンダー」をチェック

スケジュール／場所

1月／明治神宮（東京都渋谷区）
3月／住吉大社（大阪市住吉区）
7月／熱田神宮（名古屋市熱田区）
11月／住吉神社（福岡市博多区）

（ほか、全国各地の神社仏閣で開催されることがある）

神社や寺院で横綱が神仏に土俵入りを奉納するイベントです。取組はありませんが、厳かな雰囲気を無料で味わえます。入場に規制がかかることがあります。

日本大相撲トーナメント

参加費　有料（チケット料金は席種による）

確認方法　日本相撲協会 HP「相撲カレンダー」をチェック

スケジュール／場所

毎年2月頃／両国国技館

十両と幕内、それぞれトーナメント戦があり、合間にしょっきりなどお楽しみ企画が入ります。同部屋同士などふだんはあり得ない取組が見られます。1日に何回も取組があり、優勝賞金も出るので、勝てば勝つほど緊張感が増す取組を味わえます。

NHK福祉大相撲

参加費　有料（チケット料金は席種による）

確認方法　日本相撲協会 HP「相撲カレンダー」をチェック

スケジュール／場所

毎年2月頃／両国国技館

取組のほか太鼓打ち分け、相撲甚句、しょっきりなど相撲の余興を一通り体験できます。目玉は、人気力士と歌手のお楽しみ歌くらべ。毎年、アイドルや演歌歌手がゲストで登場し、歌自慢の力士と共演します。力士は歌のうまい人が本当に多い!　千秋楽パーティーなどで歌い慣れているからでしょう。

わんぱく相撲全国大会

参加費　一般参加は無料（選手エントリー費用は別途）

スケジュール／場所　毎年７月末～８月頃／両国国技館

地方大会を勝ち上がってきた小学4～6年生の中から全国一を決める大会です。土俵上で闘う子どもたちの姿は、可愛くてたくましい!　将来の関取がここから生まれるかもと思えば、相撲ファンとしてはぜひ行きたいですね。

ほかにもこんなイベントが！

腹タッチ会	2023年に九州場所のPR目的で行われた、力士のお腹（着物越し）に触れられるイベント。参加費5,500円。一風変わったレアなイベント!
相撲健康体操	両国国技館正面入口で行われる無料イベント。四股、鉄砲、すり足といった相撲の稽古における基本動作を手本にして考案された健康体操を教えてくれます。

最近は相撲の動画が豊富！
動画の見どころを解説

動画観戦の楽しみ方

大相撲をリアルタイムで見ることができなくても大丈夫！　最近は、複数のサイトで取組動画をアップしてくれています。動画ならではの視聴ポイントをご紹介！

相撲解説が分かりやすい

大相撲観戦初心者向けに、噛み砕いた解説をしてくれるサイトがあります。有識者の解説もリラックスした感じで面白いです。テレビも合わせて視聴すれば、1つの取組について、いろんな角度からの解説が楽しめます。生観戦中でもラジオ的な使い方や動画で確認する人もいますよ！

気になるところで止められる

「どんな動きをしていた？　詳細が知りたい！」と感じるところも、動画であれば確認できます。推し力士の取組動画をスロー再生で見たら、推しの得意とする展開について、理解度が深まります。

親方の事後解説が見られる

親方が数人集まり、行われた取組について意見を交わす姿を見ることができます。お堅いイメージの親方ですが、仲良く和気あいあいと談笑している姿は、貴重ですし、ファンに向けての言葉もあって嬉しい限り。それぞれの親方ならではの視点も光ります！　自分好みの親方インタビューを見つけるのもいいですね。

取組ごとの切り出し動画が見られる

動画が取組ごとに1つずつ切り出されているため、とくに気になる取

ここで見られる！

- NHK／大相撲取組動画
- YouTube／日本相撲協会公式チャンネル
- ／SUMO PRIME TIME
- ABEMA／大相撲 LIVE チャンネル

組を確認したいときに便利です。視聴前に勝敗が分からないような配慮がされていて、リアルタイムで視聴している感じのドキドキも味わえます。推しの力士の取組へコメントしたら、力士本人が見ることもあるかもしれませんね。

詳しい人と一緒に見ると理解が深まる

相撲はみんなで見るとより面白い！　例えばおじいちゃんやおばあちゃん、相撲好きのご両親など、相撲に詳しい人や今に至るまでの背景を知っている人と一緒に視聴すると、相撲への理解が深まります。家族の相撲よもやま話に新しい見方を得たり、「どうしてそんなに知ってるの？」と驚くかも。

コメント欄で推しを応援！いろんな見方を知る

コメント欄がある動画配信サイトが多く、リアルタイム視聴でなくてもみんなのコメントを確認できます。もちろん自分がコメントを残して推し力士を応援するのもあり。グッドボタンがある動画配信サイトではコメントに対して、「いいね！」がもらえることもあるでしょう。

力士のプライベートが垣間見える

取組が見られるだけではありません。力士の着物の着こなし紹介、色紙に手形を瞬速で押しまくる姿、髷の結い方を披露するなど、ファンにはたまらない相撲の裏側を伝えてくれます。ちゃんこ鍋、ジンギスカン、カレー……相撲部屋のレシピを惜しげもなく公開する動画もあります。

その他

＊いつでもどこでもリアルタイムでも見られる！

＊ライブ配信中にコメントすると、親方が読んでくれるかも。

＊スーパーチャット機能（通称スパチャ）で投げ銭をすると優先的にコメントが読まれたり！

＊時には配信中に、プレゼント企画も。

＊溜まり席に芸能人を見つけることができるかも。

＊SUMO PRIME TIMEは英語の勉強にもなります。

CHIKA'S SHOKKIRI

大相撲を体験するなら、まずは動画での観戦がオススメです。力士の顔と名前が一致しやすいですし、親方の解説もあるので、いきなり現地に行くよりたくさんの知識を頭に入れることができます。

解説言葉が謎！ そんなとき頼りになる

相撲用語集

解説によく使われる、大相撲の用語を紹介。観戦にお役立てください。相撲由来の言葉も取り上げます。新鮮な驚きがあるかも。

テレビでよく聞く用語集

【相星（あいぼし）】 その場所の成績が同点のこと。千秋楽の相星力士による優勝をかけた取組は「相星決戦」と称される。

【いなす】 突き合い、押し合いの攻防中、とっさに体を開いて相手の攻撃をかわし、そらすこと。

【おっつけ】 相手の差し手を封じるため、脇を固めて掌から肘を使って、上へ押し付けるか、腕をつかんで絞り上げること。

【顔じゃない】 それだけの実力じゃないこと。身分不相応ということ。

【がっぷり四つ】 両力士が互いに上手・下手の廻しを引き合って胸が密着した状態のこと。

【金星】 本場所で平幕力士が横綱に勝つこと。月給とは別に褒賞金として場所手当に加算される。

【けんか四つ】 相手と自分の得意とする四つ身（左四つか右四つ）の型が違うこと。力士の得意な差し手が異なること。

【ごっつぁんです】 相撲界独特の感謝を表す言葉。「ごっちゃんです」とも言う。ご馳走様から転化した言葉。

【これより三役】 本場所の千秋楽における最後3番の取組。

【三賞】 本場所で優秀な成績を収めた関脇以下の幕内力士に贈られる殊勲・敢闘・技能の3つの賞。

【締込（しめこみ）】 十両以上の力士が取組時に締める廻しのこと。稽古用の廻しは木綿だが、締込は絹製で、つややかな見た目が特徴。

【しょっぱい相撲】 弱かったり、情けない負け方をしたりなどして、盛り上がりに欠ける取組のこと。

【世話人】 相撲用具の運搬や保管などにあたる役職。

【力水】 力士が含んで口をすすぎ、身を清めるための水。

【露払い（つゆはらい）】

横綱土俵入りのとき、先導として横綱よりも先に土俵へ上がる力士のこと。


【床山（とこやま）】

力士の髷を結う職のこと。


【前さばき】

取組時に力士同士が相手の手を跳ね返し、相手の攻めを受けまいとすること。


【水入り】

相撲が長引き、進展が見られないとき一時中断し、休憩を設けること。


【物言い】

審判委員が行司の裁きに異議を申し入れること。物言いがつくと、審判委員たちが土俵に上がり協議を行う。


【もろ差し】

左右の腕を対戦力士の脇の下へ差し込むこと。


【横綱相撲】

横綱が、相手の攻撃を堂々と受け止め、またその攻撃をしのいだうえで、余裕を見せつけながら勝つこと。


【若者頭（わかいものがしら）】

幕下以下の力士の監督指導を行ったり、場所の進行をサポートしたりする者。引退した十両以下の力士から採用される。


【脇が甘い】

取組において脇の締め付けが弱く、相手に有利な形になってしまうこと。

相撲が語源となった言葉

※各言葉の由来には諸説あります。ここでは代表的なものについて解説します。

【痛み分け】

相撲では、取組中に負傷したために引き分けとすること。転じて、いさかいが起こったときなどに、お互いが損害をこうむったまま勝敗を決めず場を収めることにも使われる。


【大一番】

優勝に関係するような大事な取組のこと。他の競技でも同様の意味合いで使われるようになった。


【軍配が上がる】

行司が持っている軍配を指し示した方が勝ちであることから、勝ちが決まることの言い換え表現として使われる。


【序ノ口】

相撲番付の最下位。ここから転じて、まだ物事が始まったばかりであることにも使われる。


【胸を借りる】

相撲においては、上位力士に稽古をつけてもらうことを意味する。転じて、さまざまなスポーツなどにおいて自分よりも実力のある者に練習相手になってもらうことに使われている。

コラム1 SNSの歩き方

相撲アカウントをつくろう！

相撲の情報がもっとほしい、相撲愛を叫びたい、相撲仲間を増やしたいという人は、ぜひSNSで自分のアカウントをつくってみましょう。

オススメはX

SNSといえば有名どころはXやInstagramで、私はどちらもアカウントを持っていますが、相撲関連の話題が豊富なのはX。Instagramでは個人で撮影したたくさんの写真が見られます。Xも、Instagramも両方アカウントをつくって、Xをメインに使うのはいかがでしょうか。

Xで素敵な情報を発信してくれる人たち

佐々木一郎さん（@Ichiro_SUMO）

日刊スポーツ・プレミアムの3代目編集長です。相撲ファンの人でフォローしていない人はいないくらいでしょう。ABEMAでおなじみですね。記者さんならではの視点から、確かな情報をポストしてくれます。

飯塚さきさん（@sakiiizuka）

相撲関連の著書や力士のインタビュー本を執筆しているスポーツライターさんです。素晴らしい写真と共に、よい記事をたくさんポストしてくれます。

能町みね子さん（@nmcmnc）

相撲に限らずどんなことにもズバッと毒舌な能町さんのポストは面白く、「これ分かる！」と共感できる発言もたくさんあります。場所中には相撲のポストが急増します。

日本相撲協会公式（@sumokyokai）

公式ならではの情報を取得できるので、このアカウントをフォローするのはマスト。各イベントやその日の情報、はたまた力士の誕生日情報なども教えてくれて和みます。

各相撲部屋や親方のアカウント

各部屋や親方のSNSはチェック！　押尾川部屋のXは部屋の広報部のワンちゃんが、二子山部屋ではネコちゃんがよく登場してカワイイです。また、元朝青龍関は甥っ子の豊昇龍関が勝てば喜びを、負ければダメ出しをしてバズっています。

相撲仲間の見つけ方

Xのオススメタイムラインを閲覧して、「面白い！」と感じたらフォローしてみましょう。もしかしたらその方もフォローし返してくれるかもしれません（相互フォロー）。SNSが盛んな現代では、こうして相撲仲間を増やしている人も多いと思われます。

私はというと、現場で仲間をつくるタイプです。一緒に出待ち、入り待ちをしている方に話しかけたり、話しかけられたりして親しくなります。国技館で出会い、その方と相撲観戦するくらい仲良しになった年上の女性もいます。

相撲観戦中は生観戦、動画観戦を問わず、XやSNSで相撲、#SUMOなどと検索すると、リアルタイムで投稿している相撲仲間を発見できて気持ちが高まります！

SNSではこんなことに気をつけて！

SNSを利用するときには以下のような注意点があります。適切な投稿、距離感を心がけたいものです。

個人情報に注意

本名での投稿、自身の情報がはっきり分かってしまうような投稿は、「全世界に公開してもよいか」と考えてからにしましょう。自分や他人の個人情報に注意です。

トラブルに注意

SNSは楽しいですが、何気ないコメントが誹謗中傷の的になったり、やりとりが口論に発展することも。トラブルに巻き込まれやすい側面もあります。アカウントを分けたり、見る専用という使い方もありですね！

第2章

推しのつくり方

好みの相撲を知る

What I like about the Sumo World

もっと相撲に夢中になるには、推し力士をつくるのが一番。まずはあなたがどんな相撲に魅力を感じるのかを知りましょう。私の好きな相撲もあわせてご紹介します。

好きな相撲はどんな展開？

推し力士をつくる最初の一歩

私は圧倒的に**四つ相撲**派です。なぜかといえば、四つ相撲の得意な力士は将来ぐっと強くなる可能性が高いから。横綱や大関になる力士の多くは四つ相撲が得意です。つまり、四つ相撲の得意な力士を好きになれば、昇進していき、**強くなる経過を追いながら応援するという推しならではの見通しが立てられます**（笑）。推しの活躍する姿を見るのは皆さま大好きですよね。

なぜ四つ相撲が得意な方が、強くなる可能性が高いのか。四つ相撲は技術が必要で、力の加減や廻しのどの位置を持つかなど、微妙な差で優劣が決まります。**熟練の過程でいろんな技が出せるようになるので、どんどん強くなっていくんです。**その着実な感じも好きな理由の1つ。私は日常生活でもきっちりと段階を踏んで行動するのが好き

四つ相撲は「この人がこの形になったら負けないよね」という瞬間を見るのがたまらない！勝ちパターンがある安心感も、好きなポイントです。

ぴったりの推し方を知る12の質問

あなたはどんな相撲が好み？

西 Check!			東 Check!
□	柔道より ボクシングが好き	or ボクシングより 柔道が好き	□
□	打ち上げ花火が好き	or 線香花火が好き	□
□	常に派手な動きのある スポーツが好き	or 緊張感のある スポーツが好き	□
□	バチバチの闘争心に テンションが上がる	or 一撃の必殺技が好き	□
□	いろんなお店に チャレンジしてみたい	or 自分の定番の お店がいっちばん！	□
□	相手に振り回される 恋愛にハマっちゃう	or 結婚前提の堅い お付き合いがしたい	□

西の項目にチェックが多い人は
喜怒哀楽の上下がジェットコースター！
「押し相撲派」

東の項目にチェックが多い人は
テクニカルな投げ技で魅了する
「四つ相撲派」

なので、好みには性格が出ているのかもしれません。

取組の熱量が高い**押し相撲**ももちろん好きです。押し相撲が得意な力士は、性格的にも気合十分な人が多い気がします。**激しくぶつかり合って、勝敗がどっちに転ぶか分からないハラハラさに魅力を感じる人は多いはず。**取組を見て喜怒哀楽の全てを出し切りたい、感情を激しく揺さぶられたい人は、押し相撲のファンになるだろうと感じます。

また、押し相撲を見ていると思わぬ裏切りにあうことも。絶対に強いのに、勢い余って負けちゃったり。そんな刺激を楽しみたい人には、押し相撲がオススメです。推し力士や、ファンのみんなと波瀾万丈を楽しみましょう！

相撲の魅力はギャップにあり!

激しさとカワイさの揺らぎに悶絶

相撲推しになれば、感情の揺さぶりをこれでもかと味わえます。その秘密は、力士の大きなギャップ。相撲が好きな人だからこそ享受できる喜怒哀楽について語ります!

表情のギャップにドキドキ

力士のお顔はパーンと張っていて、目やお鼻が埋もれていることも多く、「赤ちゃんみたい」と言われるほどの愛らしさを持っています。ニッコリ笑顔を見せてくれると、本当に素敵だなと心が躍ります。

でも、いざ取組になると……突然、目の前の相手を視線だけで倒してしまいそうな厳しい顔つきに変わります。これはきっと、相撲でしか味わえない振り幅です。

体のギャップに驚く

力士は豊かな体格を持ち、熊さんみたいなのんびりした雰囲気をまとっています。しかし、いざ勝負となれば、その巨体で燃えるようにぶつかり合います。自動車事故と同じくらいといわれる衝撃!毎日交通事故にあって無事な人なんて、力士くらいのものではないでしょうか。

鳥取県出身の伯桜鵬関と！
同じ鳥取県出身の力士を応援しています。伯桜鵬関を筆頭に鳥取を相撲で盛り上げてほしいです。

HANG IN THERE!

負けている人ほど応援したくなる不思議

相撲を見ていると、「あと1勝で勝ち越しなのに」「あと一歩なのにやられちゃう」と思わされる人ほど、応援したくなるから不思議なものです。文句なしに強い力士ももちろん好きですが、こうやって推し力士が増えていきます。

心配と安堵で推しへの気持ちが加速する

土俵はコンクリートほどの硬さといわれ、高さは下まで55㎝あります。取組で推し力士が土俵下に転落すると、心配でハラハラします。力士が無事だったときのホッとする気持ち、負けを悔しそうに噛みしめる顔にドキッとする女性や、次はがんばれ！　と応援したくなる男性が多いと伺っています。

WORRY

一瞬の取組に凝縮される相撲人生

相撲を長く見ていると、それぞれの力士がどれだけその日の取組に懸けているか、どんなに熱心に稽古を積んできたかが分かってきます。長大なドラマを知っているのに、取組はわずか数秒。その一瞬に懸ける情熱や気持ちに、心が揺さぶられます。

A CONDENSED LIFE

ルックス、年齢や出身地……多方面から力士をチェックしてみて

「あと一歩、相撲の魅力に入り込めない」という人は、取組そのものだけではなく、各力士の個性や情報に注目してみて。思わぬ側面に魅力を感じ、もっと夢中になれるはず。

力士の個性

顔

時代によって「イケメン」ともてはやされるお顔あり。最近は母性本能をくすぐるベビーフェイスも人気。好みのルックスを探してみて。

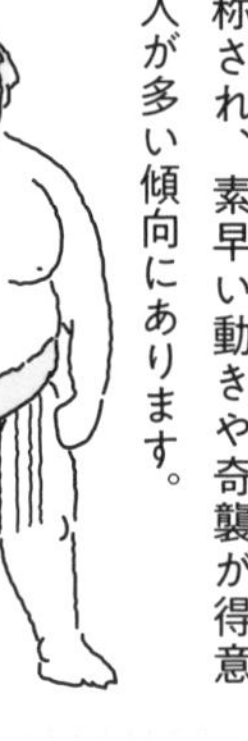

体つき

力士の体には特徴があります。細身の力士はスープ（ソップ）のダシを取った後の鶏ガラに見立てて「ソップ型」と呼ばれ、筋肉質な人が多い傾向があります。対して、お腹がパーンと張っていて体つきの丸い力士を「あんこ型」といいます。お腹の大きいアンコウに由来しているようです。また、小さい力士はよく「小兵（こひょう）」と称され、素早い動きや奇襲が得意な人が多い傾向にあります。

年齢

自分と同年齢の力士だと、ぐっと親近感がアップします！ 力士は体が大きく所作や発言に落ち着きがあるため、うんと年上に見えがちですが、調べてみると意外な人が年下だったりして驚くことも。

出身地

力士が土俵に上がるときには必ず出身地がコールされます。同郷の力士は、思わず応援したくなるものです。

所作

美は細部に宿る！ 四股や所作の美しさをチェック

相撲ファンは力士の所作もじっくりと見ています。所作のきれいさによって、力士の意識の高さをはかることができるからです。どんな所作の、何がポイントなのかをレクチャーします。

★四股踏み

力士が土俵に上がると、まず行われるのが四股踏み。足を交互に高く掲げて、力強く土俵を踏みます。四股は邪気を踏みつけて払う意味合いもあります。足を高く上げる力士には歓声が！ 観客の「よいしょー！」というかけ声の熱量も高いです。

★蹲踞（そんきょ）

塩を撒いた後、背筋をまっすぐ伸ばした状態で腰を深く下ろします。相手や土俵への敬意を表す所作です。

★塵手水（ちりちょうず）

蹲踞の姿勢で揉み手をしてから柏手を1回打った後、手のひらを上に向け、両腕を左右に大きく広げます。その後、手のひらを下に向けて腕を下ろします。

塵手水には武器を持たず、素手で戦うという意味が含まれており、己の体のみで戦う意志も感じられるので個人的に好きです。

★懸賞金を受け取る

取組が終わり、懸賞金を受け取るときにも作法があります。指と指の間をぴったりとつけて前に突き出す「手刀」の形をつくり、軍配に向かって左・右・真ん中の順番で下ろします。番付が上の力士になってもぞんざいに受け取らず、丁寧で美しい人は、好感度が上がります。

化粧廻し、浴衣、行司の衣装……

ファッションに注目しよう

大相撲の魅力はファッションにもあります。化粧廻しや自分でつくった浴衣、番傘などは、一般の人が身につけることのない珍しいもの。行司さんの鮮やかな装束にも、目を奪われます。

ファッション

化粧廻し

幕内以上の力士が締めることのできる、博多織や西陣織の廻しです。力士の足首部分まで垂れる前垂れ表面に、豪華絢爛な図案が刺繍されます。

スポンサーとなる企業や後援会から贈られる化粧廻しは、美しい物、ユニークな物、四股名にちなんだ物など個性豊かです。つくるには、もちろん、イイお値段がかかります。

【ユニークな化粧廻しの例】

四股名／刺繍
貴景勝（たかけいしょう）／ルームウェアブランド「ジェラートピケ」のテディベア
佐田の海／くまモン
正代（しょうだい）／不二家のペコちゃん
豊山／不二家のポコちゃん
（男の子キャラ）
千代大龍／キン肉マン

浴衣

十両以上になると浴衣をつくることができます。自ら反物を探しつくるため、その人のセンスが如実に出ます。アパレルブランドとコラボして浴衣をつくる力士も。反物から仕立てた浴衣は同じ一門の先輩や後輩に配ったりもします。

着物

幕内になると、自分の四股名が染め抜かれた着物で場所入りできます。それぞれが好みの色や模様で着物をつくるので、とても鮮やか。

幕下以上は冬にコートを着用できます。力士が温かそうなコートを羽織っている姿は、熊さんのようで愛らしいです。

私服

力士は、基本的に外出時は必ず和装という決まりがあります。こういうところにも粋を感じますね。最近はそこまで厳しくないようですが、体に合う洋服がなくて困る姿も見受けられます。大きなサイズを扱うお店が限られているため、お揃いの服になってしまいがちのようです。

バッグ

浴衣や着物に合わせるバッグを選ぶのは難しいと思うのですが、皆さん上手にブランドを選んでいる印象です。和装に負けない存在感のある、派手なバッグを持たれています。**力士の間で「8」の字がデザインされているバッグが流行したことがありました。**本場所で8勝すれば勝ち越しなので、ゲン担ぎです。

足元

三段目以上は雪駄を履くことができます。ブランドのバッグを買って、その生地を雪駄に張るなどしてファッションを楽しむ力士も。斬新です。

番傘

幕下以上の力士だけが使える番傘は、赤や茶色、黒字に四股名が書かれた物など色彩豊かです。和装に番傘の装いは非日常感がぐっと高まり、見ているこちらまで昔の日本にタイムスリップしたような気分になりますよ。

番外編　行司の衣装

行司さんの装束は古来からの伝統を感じる、日常では絶対に見られない珍しいものです。格付けによって装束が違うので、比べてみるのも楽しいですよ。

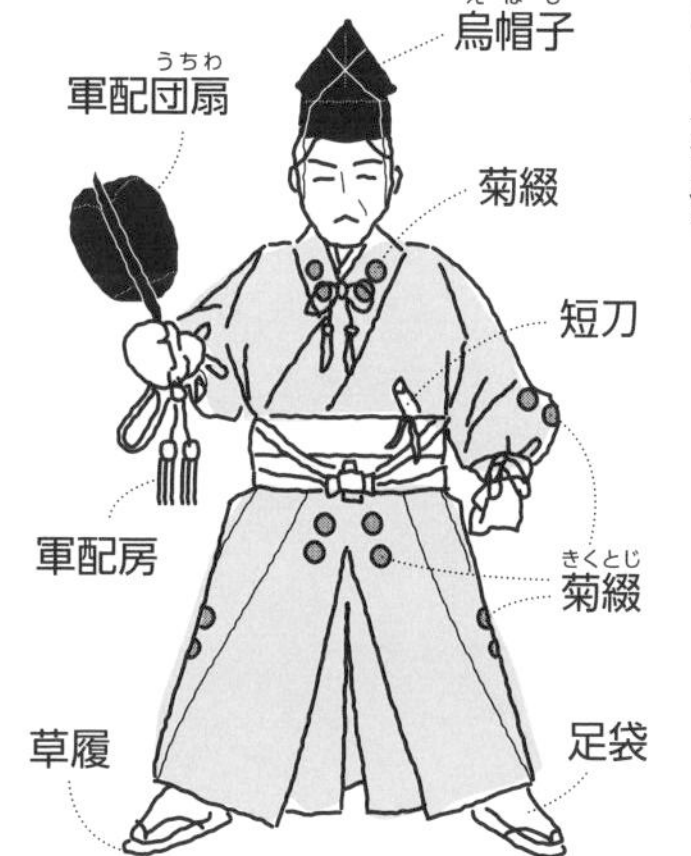

相撲が強い高校はどこ？ 永遠のライバル2校を押さえておこう

鳥取城北・埼玉栄

皆さんの中学校や高校に「相撲部」はありましたか。もしかしたら、珍しい存在かもしれません。大相撲の二大巨頭といえる高校は、**埼玉栄高校**と**鳥取城北高校**です。相撲部の特徴や出身力士をチェックして、もっと相撲通になりましょう。

元石浦関の間垣親方と！
鳥取城北高校相撲部は、元石浦関のお父さまが監督を務めています。

鳥取城北高校相撲部と記念撮影！「ここから未来の関取が……」と考えると、ワクワクが止まりません。一番左は、外国人初の高校横綱を獲得した二子山部屋の狼雅関。右から２番目には 110 年ぶりに新入幕から初優勝を果たした尊富士関も！

学校法人　鳥取学園
鳥取城北高等学校

私の出身地である鳥取の高校です。鳥取市にある私立高校で、1963年からの伝統があります。全国大会優勝常連校で、目標は「嘘のない稽古」。マネージャーが料理をつくり、稽古終了後に全員で準備し、一緒に食事をします。外国からの相撲留学生もいます。

私も鳥取ロケで相撲部にお邪魔したことがありましたが、部員はみんなハリのあるいい体をしていました！

石浦校長をはじめ、素晴らしい先生やコーチ陣の理詰めの技術指導のおかげで学生はどんどん強くなります。

〔鳥取城北高校出身の主な現役力士〕

照ノ富士
美ノ海（ちゅらのうみ）
狼雅（ろうが）
尊富士（たけるふじ）
水戸龍
伯桜鵬

学校法人　佐藤栄学園
埼玉栄高等学校

埼玉県さいたま市にある、私立中高一貫校です。多種多彩な部活動が67もあり、全国大会で優勝する部活動や個人も多数にのぼります。

相撲部の部訓は「信は力なり」。出身力士は錚々（そうそう）たるメンバーで、現役力士を輩出している高校としては最多です。若い力がめきめきと育っています。名将・山田監督が栄養を考えて食事の準備もされていたようで、卒業力士からの信頼もあついです。

〔埼玉栄高校出身の主な現役力士〕

貴景勝
琴櫻
大栄翔（だいえいしょう）
王鵬（おうほう）
翔猿（とびざる）
剣翔（つるぎしょう）
豪ノ山
北勝富士（ほくとふじ）
琴勝峰（ことしょうほう）
北の若
妙義龍（みょうぎりゅう）
武将山（ぶしょうざん）
英乃海（ひでのうみ）
紫雷（しでん）

CHIKA'S SHOKKIRI

相撲の強い大学には、日本大学、近畿大学、日本体育大学、東洋大学などがあります。中学校の相撲部なら、やはり中高一貫の埼玉栄や、我が鳥取が誇る鳥取西中学が。

ほかではあり得ない!? 距離が激近のファンサービス

歴史ある相撲だからと、とっつきにくいと考えていませんか。推し力士との触れ合いが欲しいなら、だんぜん大相撲がオススメ！

ファンサービス

力士本人にお願いできるファンサービス

★握手

出待ちや巡業先でタイミングが合えば快く応じてくれます。力士の手はびっくりするほど大きくて感動！力強さが手から伝わってくるのでとてもオススメ！

★サイン

取組前はNGだけど、時間のあるときならOKの方が多いです。その日購入したパンフレットなどにも快くサインしてくれますよ！

★撮影

スマホでの撮影OK。ツーショット撮影も、本人にお願いすれば気軽に応じてくれることがあります。自慢の1枚が撮れちゃうかも。

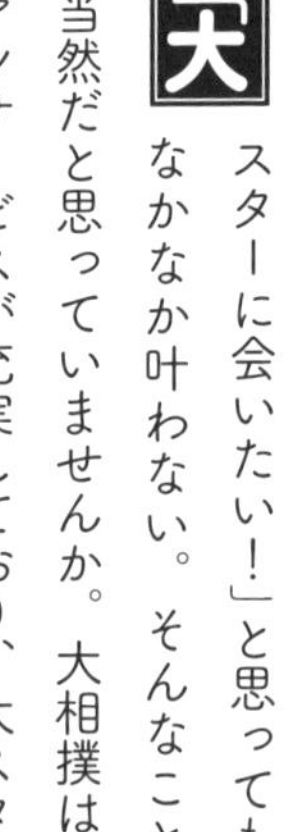

大 スターに会いたい！」と思っても、なかなか叶わない。そんなこと、当然だと思っていませんか。大相撲はファンサービスが充実しており、大スターも握手、サイン、撮影なんでも笑顔で引き受けてくれます。**何度かお会いすると、友達みたいにおしゃべりできるのもすごいところです。**「今日も来てくれたんだね」と、覚えていてくださるので感激してしまいます。私が相撲関連のお仕事をする前からそういう対応をしてくださっていたので、きっと力士には当たり

力士と触れあうファン向けイベント

★握手会

地方巡業では会場の一角で人気力士たちの握手会が行われます。握手会を担当する力士は交代制なので、お目当ての力士と必ず握手ができるとは限りませんが、自分から勇気を出して「握手してください！」とは言えない人にもオススメです。

★ファンクラブ入会でもっと触れあえる

ファンクラブに入会すると、力士と触れ合う機会が増えます。例えば過去のファンクラブ向けイベントでは、バックヤードエリア限定入場や、写真撮影など、さまざまな体験ができるという粋な企画がありました。

その他

★元スターにも会える！

かつて活躍したスターたちが親方となり、国技館内を普通に歩いています。伝説の大横綱がチケットのもぎりや、売店のレジ打ちをしていたりするのはいつもの光景。そして親方たちにも力士同様、握手、サイン、撮影をお願いできますよ！

★呼出しさんや行司さんと記念撮影できることも

場所ごとに設けられる「和装Day」で着物を着て行くと、行司さんや呼出しさんと記念撮影ができる日があったりします。和装Dayの特典は場所ごとに違いますので、事前チェックですね。

前のファンサービスなのだと思います。**とくに親方たちは、YouTubeの配信中に「ぜひ、声かけてください！」と呼びかけられていて、お声がけしやすい配慮もあり感激です。**

力士や親方たちのファンサービスに感謝しつつ、イチ相撲ファンとしての道をそれず、現代の武士と呼ばれる力士の方々に尊敬の気持ちを忘れずにお願いしましょう！

CHIKA'S SHOKKIRI

ファンサービスをしてくれる力士が多く、出待ちのファンもたくさんいるので勇気を出せばチャンスはたくさんあります！
スターはスターになるほどセキュリティーが固く近寄りにくくなりますが、力士にボディガードがつくことはまずありません。素手で最強だから、自衛できますもんね！　付き人さんも力士ですし(笑)。

四股名

What I like about the SUMO World

名前にピンときたら恋の合図

四股名にはドラマが詰まってる！

力士の四股名にはしっかりとした由来があり、なかには悶絶するほどカワイイ四股名も。名前からその力士の推しになるのもありですよ。

四股名の由来

伯桜鵬（はくおうほう）

出身の鳥取県が昔「伯耆国（ほうきのくに）」と呼ばれていたことから。出身地に縁のある言葉を入れるのは、よくあるパターン。

鳥取出身横綱の琴櫻（ことざくら）を記念して始まった「桜ずもう」が相撲を始めるきっかけとなったことから、桜の文字を入れたと言われています。

師匠である宮城野親方の四股名、白鵬から。このように師匠の四股名から一字を取ることもあります。

由来も色々……

師匠の名を色濃く受け継ぐ四股名

照ノ富士（てるのふじ）／師匠旭富士（あさひふじ）（9代伊勢ヶ濱部屋）と照國（てるくに）（6代伊勢ヶ濱部屋）の横綱2人にちなんで。

霧島（きりしま）／師匠の名である霧島を継承。

琴ノ若（ことのわか）／父親であり師匠の名である琴ノ若を継承。

CHIKA'S SHOKKIRI

下の名前にも注目すると、好みの四股名が見つかりやすいかもしれません。現役力士には「桃太郎」が2人もいるんですよ（剣翔 桃太郎と湘南乃海（しょうなんのうみ） 桃太郎）。なかには、「こんな四股名もあるの!?」と驚くような四股名もあるので探してみてください！

豊昇龍（ほうしょうりゅう）

豊：師匠である立浪親方の四股名、旭豊（あさひゆたか）から。

昇：叔父である朝青龍の「しょうりゅう」をそのまま入れようとしましたが、師匠の案で一字違いに。

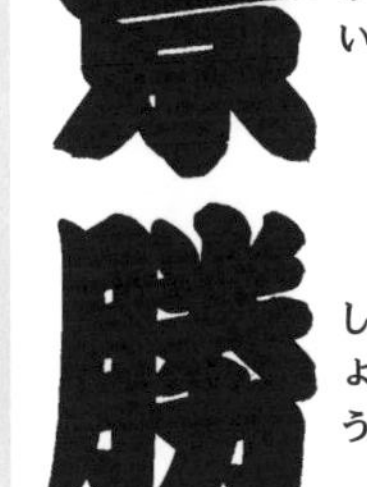

貴景勝（たかけいしょう）

貴：師匠であった元横綱・貴乃花親方から一文字を。

景：貴乃花親方が好きだった戦国武将、上杉景勝（かげかつ）から。

名前から出身地が分かる四股名

美ノ海（ちゅらのうみ）（沖縄の美しい海）

熱海富士（あたみふじ）（静岡県熱海市）

隠岐の海（おきのうみ）（島根県隠岐の島町）

把瑠都（ばると）（エストニア・バルト海）

本人の雰囲気や名前などを元につけられた四股名

阿炎（あび）／阿修羅のように燃えて戦うという意味。師匠の愛称「アビ」から。

白熊（しろくま）／かわいらしい顔立ちと色白で筋骨隆々の体形から。

明生（めいせい）／本名から。

鳥取が生んだ未来のスーパースター
「令和の怪物」伯桜鵬関

鳥取県出身の山根が、鳥取に縁のある力士への愛を語ります。まずは近年彗星のごとく現れた、倉吉市出身の伯桜鵬関。横綱有望株！　期待が止まりません。

鳥取に縁のある推し力士を語る・その1

【伯桜鵬プロフィール】

本名	落合 哲也		
生年月日	2003年8月22日		
出身地	鳥取県倉吉市		
身長	181.0㎝	体重	154.0㎏
得意技	突き・押し・左四つ・寄り		
初土俵	令和5年一月場所		
新十両	令和5年三月場所		
新入幕	令和5年七月場所		

相撲人生何周目？20歳とは思えぬ貫禄

伯桜鵬関はデビューからたったの7ヶ月で前頭九枚目まで駆けのぼった新人力士です。先を読む力が卓越しているがゆえの機敏さや戦略の巧みさに、相撲のセンスを感じます。しかもそのセンスが生まれ持ってのものだけではなく、しっかり稽古を積み重ねてきたからこそ身についたと分かります。努力の証は太ももの太さにも表れています。

懸賞金を受け取る仕草やお辞儀など、所作の美しさはご本人も意識されているそう。心技体の全てが揃った、すでに横綱の風格を若くして持ち合わせています。

相撲一筋でストイックな人柄

食事会などでお話しさせていただいたことがありますが、1から10まで相撲に関して。

きっと頭のなかは相撲一色なのでしょう。ストイックで優しくて、そして鳥取愛が強い。「自分がいることで鳥取を盛り上げたい」とおっしゃっていて……そのとき、まだ伯桜鵬関は19歳だったはず。10代から地元を背負って立つ気持ちが備わっているなんて、頼もしいですよね。

心に残る一番

新入幕の七月場所で、優勝争いに絡んだ全取組です。これまでだったら考えられないことですが、伯桜鵬関なら納得。実力あってのことでまぐれではないと、相撲ファンなら分かります。

鳥取に縁のある推し力士を語る・その2

What I like about the Sumo World

鳥取の大横綱の血を受け継ぐ

「前代未聞の3代目」琴櫻関

鳥取に縁のある推し力士を語るシリーズ、2人目は琴櫻関。お祖父さまが第53代横綱の琴櫻（鳥取県倉吉市出身）、お父さまが師匠でもある初代琴ノ若という、最強のＤＮＡを持った力士です。

【琴櫻プロフィール】

本名	鎌谷 将且		
生年月日	1997年11月19日		
出身地	千葉県松戸市		
身長	189.0 cm	体重	172.0 kg
得意技	右四つ・寄り・押し		
初土俵	平成27年十一月場所		
新十両	令和元年七月場所		
新入幕	令和２年三月場所		
新三役	令和５年一月場所		

プレッシャーに負けず心技体が揃ってきた

柔らかい上半身と、どっしりとした下半身が強さの秘密です。土俵際でも体を残せる腰の柔らかさがあって、右四つになればまるでテトリスの大きく空いた部分にぴったりとピースがはまるように、無敵の強さを見せてくれます。

以前は3代目力士と注目されるプレッシャーを感じていたようですが、最近は自信がついてきて、心技体の全てが揃った力士になりました。

体つきにも人柄にも血筋を感じる

柔らかい上半身は先代譲り、どっしりとした下半身はお祖父さま譲りだと感じています。本人の努力の賜物に加えて、恵まれた大きな体は何よりも武器になります。

また、昔ながらのお相撲さんを彷彿とさせる温和なお人

琴櫻
琴ノ若
鳥取県民としては、鳥取の大横綱「琴櫻」を受け継ぐ力士がいることが感無量です！「勝って当たり前」という印象がついてきました。この勢いにのってほしいです。

柄は、粘り強い相撲が持ち味だった先代と穏やかなおかみさんの2人から受け継がれたと納得できるし、血筋をすごく感じます。

心に残る一番

●琴ノ若―豊昇龍●

（決まり手：寄り倒し）

令和5年十一月場所の豊昇龍戦（9日目）。上手を取るまで我慢ができていたのがすごくいいなと思います。自分の得意な型に持ち込めるまで待てるのは、力が上がってきている証拠です。相手の攻めを受けてから自分の攻めに転じる相撲を横綱相撲といいますが、この取組はまさにそんな相撲でした。

この力士は忘れない！山根の歴代推し力士

私は大相撲推しなので、どの力士も好きなのですが、真っ先に思い浮かぶのがこの4人。理由を語らせてください。

照ノ富士（第73代横綱）

~ドラマのような復活劇~

四股名	照ノ富士 春雄
生年月日	1991年11月29日
出身地	モンゴル・ウランバートル
身長	192cm
体重	176kg
得意技	右四つ・寄り
最高位	横綱

鳥取城北高校に編入された来歴から親近感がありますが、それ以上に、今の地位を得るまでの復活劇が素晴らしいと感じています。照ノ富士関がケガや病気で大関から序二段にまで陥落した頃のことです。照ノ富士関は親交のある柔道家の大野将平選手と私に「横綱になる」と宣言されました。その決意を聞き、頑張ってほしい反面「辛い道になるかも……」という不安も、正直ありました。

困難を乗り越え、本当に横綱になった照ノ富士関。辛い状況でも努力する力の源は、支えてくれる人の存在だったそうです。私たちの声や応援が少しでも照ノ富士関の力になったと思うと、ファンとしてはとても嬉しいですね。こんなどん底から這い上がった力士は見たことがありません。精神的な強さにも脱帽です。

心に残る取組

照ノ富士が初優勝した瞬間（平成27年七月場所）

11勝3敗で迎えた千秋楽、前頭六枚目の碧山（あおいやま）関を寄り切って12勝とします。このとき3敗で並んでいたのが横綱・白鵬関です。しかし白鵬関は結びの一番で照ノ富士関と同部屋の日馬富士関に敗れ、照ノ富士関の初優勝が確定。先輩力士の援護射撃に部屋の絆を感じました。

Terunofuji

魁皇（大関）

～家族で応援、怪力大関～

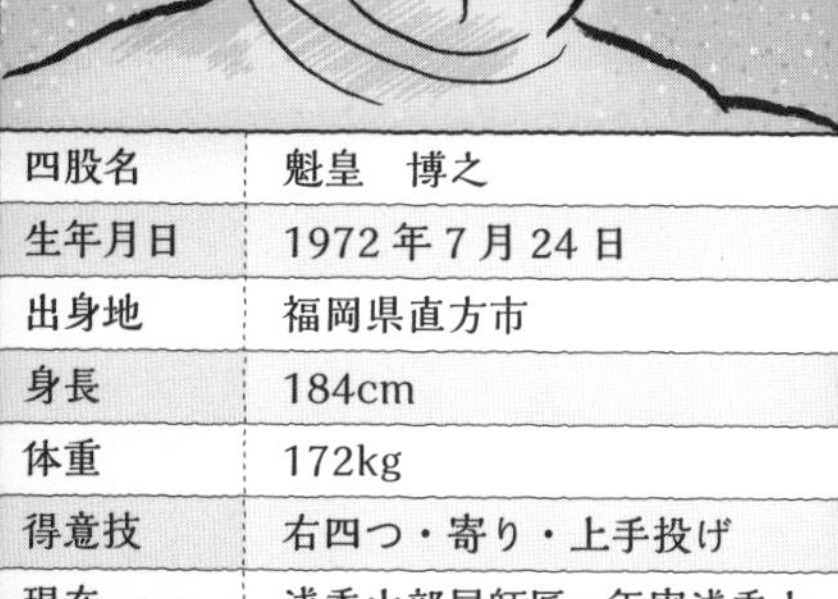

四股名	魁皇　博之
生年月日	1972年7月24日
出身地	福岡県直方市
身長	184cm
体重	172kg
得意技	右四つ・寄り・上手投げ
現在	浅香山部屋師匠・年寄浅香山

物心がつき、しっかり相撲を楽しめるようになったのは、朝青龍関や白鵬関が強い時代でした。でも、その頃に家族でずっと応援していたのは魁皇関です。魁皇関は大関の期間が長く、横綱になる機会が何度もあったのになれなかった人。うまくいかないもどかしさ、悔しさ、必死さが表情や仕草から伝わってきて、人間味のある姿にドキッとさせられていました。いつも「勝ってほしい」というより「負けないでほしい」と思っていました。

実力十分なのにあと一歩のところでうまくいかないからこそ、目が離せません。きっとほかの相撲ファンも同じ気持ちだったことでしょう。後にも先にも、こんなに皆から応援される人はなかなか出てこないと思います。

心に残る取組

●魁皇―北太樹（きたたいき）●
（平成22年十一月場所）

ベテラン2人の取組。2人とも熟練の巧さで魅了してくれました。最後はリンゴを片手で潰してしまうほどの握力を持つ魁皇関が、一枚廻しで下がりながら北太樹関を翻弄し勝利！　怪力魁皇は健在！　魁皇関の相撲人生が詰まっている一番です。

※一枚廻し……幾重にも重なっている廻しを、1枚だけ取ること。

武蔵丸（第67代横綱）

～人生最初の推し力士～

四股名	武蔵丸 光洋
生年月日	1971年5月2日
出身地	米国ハワイオアフ島
身長	192cm
体重	235kg
得意技	突き・押し
現在	武蔵川部屋師匠・年寄武蔵川

いかつい見た目なのに、カワイイお顔。そのギャップが好きでした。また、その巨体がすでに大きな武器なのに、妥協せず努力する研究熱心さが素敵です。

武蔵丸関は最初、左四つの相撲スタイルでしたが、負傷で左手が思うように動かなくなったことがありました。ライバルの貴乃花関に勝つために、怪我を治すという選択だけでなく、新しい得意な型を会得したそうです。自分の相撲の形が崩れてしまう可能性もあるなか、新たな武器を増やす勇気がすごいなと。当時私は小さかったため、父親が熱を込めて教えてくれる武蔵丸関の話に魅了されました。

今は武蔵川部屋の親方を務めていて、お会いできるといつも感激しています。大好きすぎて、愛犬に「むさしまる」と名付けているほどです。

心に残る取組

●武蔵丸 ― 貴乃花●
（平成11年十一月場所）

武蔵丸関が差し込んだ右腕を返し、貴乃花関を宙に浮かせて勝ち星をもぎ取った一番です。この時点で武蔵丸関も貴乃花関もトップ力士ですから、両者が稽古をする機会などなく、新しい技も実戦で試すしかありません。自分を信じ、本番で新技を繰り出し勝ったことが素晴らしいと思いました。

Musashimaru

豊ノ島（関脇）

～巧みさ光る万能力士～

四股名	豊ノ島 大樹
生年月日	1983年6月26日
出身地	高知県宿毛市
身長	168cm
体重	154.5kg
得意技	左四つ・下手投げ
現在	タレントとして活動

　豊ノ島関といえば、並々ならぬトーク力。取材者や後援者とお話しする機会が多い力士はそもそもトーク上手ですが、豊ノ島関のトーク力には突出したものがあります。引退されてからテレビの収録でご一緒したことがありますが、誰かの話を受けてのツッコミが芸人さんレベルに面白いと感じました。

　相撲内容は総合的な能力がとても高いうえに技の巧みさが光り、いつも相撲ファン好みの安定した取組を見せてくれました。身長が低く小柄な力士ですが、現役時代の18年間、一度も変化（立合いで体をかわすこと）をしたことがなかったそうです。土俵際まで決して諦めず、出し投げがうまいテクニシャンな力士。現在は佐々木一郎さんと共に、相撲の魅力や奥深さを伝える『豊ノ島の部屋』というトークイベントを行っていますよ。

心に残る取組

○豊ノ島 ― 琴奨菊●

（平成28年一月場所）

　豊ノ島関の親友、琴奨菊関が14勝1敗で優勝した場所の一番です。全勝で13日目を迎えた親友とのガチンコ勝負に、冷静な表情で全く動じない豊ノ島関が熱い！　土俵際の巧さが際立っていました。「相手は親友だけど、負けてたまるか」という気迫に満ちています。

朝青龍と白鵬
ライバル対決は格別な面白さ

大相撲では時に「永遠のライバル」と呼べる2人が登場します。なかでも心に残っているのが、朝青龍関と白鵬関の関係性です。

2人のピークの時期はそれぞれ違いますが、同じウランバートル出身。横綱であった朝青龍関を当時19歳の白鵬関が下し、金星を挙げたときからライバル関係が始まりました。どの取組も両者のアグレッシブさが光り、二人横綱となってからは千秋楽で闘う姿が幾度も見られ、実況にも熱が入り観客は大興奮。激闘を繰り返した朝青龍関が突然引退となったとき、白鵬関が流した涙は忘れられません。

現役力士のなかでは、モンゴル出身の霧島関と豊昇龍関に注目！小さい頃に柔道やモンゴル相撲などを玉正鳳関のお父さまが指導するクラブで一緒に練習していた経緯があって、お互いを高め合う相手として意識しているようです。**力士の関係を知るとまた新しく相撲を楽しめる！**大相撲って本当に素敵です。

霧島

豊昇龍

白鵬翔（はくほうしょう）
生涯戦歴　1187勝247敗253休

朝青龍明徳（あさしょうりゅうあきのり）
生涯戦歴　669勝173敗76休

Hakuho

Asasyoryu

【取組Pick UP】

○白鵬 ― 朝青龍●
（平成20年一月場所）

千秋楽、ともに13勝1敗の相星対決となった両横綱は気合十分、がっぷり四つとなります。終盤、朝青龍関が白鵬関を吊り上げ歓声が上がりましたが、最後は上手投げで白鵬関の勝ち。攻守入り乱れる熱戦でした。最強の横綱同士の姿に「まさにこれぞ大相撲！」と多くの人が感じたのではないでしょうか。

ジーンと感動した

優勝インタビュー

①稀勢の里が横綱昇進を決めたときの背中（平成29年初場所）

この場所で優勝すれば横綱昇進が確定する大事な場所でした。優勝を争っていた力士が負けて稀勢の里関の優勝が決定した瞬間、支度部屋が映し出されて。無言で背中を見せる稀勢の里関に感動しました。大きな背中から、優勝の喜びや、今後の覚悟……いろんな感情が溢れていました。日本人横綱が19年ぶりに誕生。そしてそれが稀勢の里関だからこそ、ファンの喜びも一層大きかったです！

②徳勝龍（とくしょうりゅう）の幕尻（まくじり）からの初優勝インタビュー（令和2年初場所）

幕内番付の最下位である「幕尻」から、初優勝の栄光を勝ち取った徳勝龍関。優勝インタビューで「自分なんかが優勝していいんでしょうか」とコメントし、場内は笑いに包まれました。サービス精神旺盛な徳勝龍関ですが、実は場所中に大学の恩師を亡くされての取組でした。涙ながらに「監督が一緒に土俵にいて戦ってくれていたような……そんな気がします」という言葉。両親への感謝もあり、笑いあり涙ありのインタビューでした。

引退相撲

めちゃくちゃ泣けた引退相撲

①白鵬　お子さんからの手紙（令和5年1月）

白鵬関の引退相撲で、ご長男との引退相撲が行われました。ご子息と最後の取組で引退。父として息子に「何か」を託したようにも感じました。また引退相撲では、お子さんからの手紙が読まれることもあり、親子の絆にいつも涙腺が崩壊してしまいます。白鵬関の引退相撲では、6歳の末っ娘さんが「目の前に立っているお父さまは髷がないからちょっと不思議だけれど、前より優しい顔をしています」とメッセージを読み上げました。

②隠岐の海　奥さまからの花束（令和5年9月）

土俵は女性が上がってはいけない場所、相撲はひたすら男性の世界です。でも引退相撲では、最後に奥さまから花束が贈られることがあります。その姿に、「こうして奥さまが長く支えていらっしゃったのだな」と、ジーンとしてしまいます。隠岐の海関が奥さまから花束を渡されたときには、まるでそこに2人だけの世界があるようで……。引退相撲には力士のドラマが詰まっています。

コラム2
タニマチと大相撲

監修者 谷口公逸先生に教わる
「タニマチのあれこれ」

相撲の世界では、贔屓にし、後援してくれる個人スポンサーを「タニマチ」といいます。力士を経済的に支えるタニマチはまさに相撲ファンの最高峰！　どんないわれがあるのでしょうか。また、有名なタニマチには、どんな人がいるのでしょうか。

「タニマチ」という言葉は角界（相撲界）から生まれた隠語です。明治20年代の初め大阪市南区（現中央区）谷町６丁目に好角家で外科の開業医が、幕下以下の力士を無料で治療したり、医院の中庭に土俵を築き稽古させるなど、巡業で訪れた力士たちにも献身的に世話をしたといいます。力士からは、いつしか「タニマチ」と呼ばれ慕われるようになり、転じて贔屓、後援者のことを「タニマチ」と呼ぶようになりました。

江戸勧進相撲全盛の頃は大名が力士を召し抱えましたが、維新後の明治期には政治家、実業家、軍人などがこぞって相撲贔屓になりました。大正期には力士個人の後援者として、明電舎の創業者・重宗芳水が人気横綱鳳、帝都日日新聞の社主・野依秀市が昭和の双葉山を支持したことが有名です。戦後ではホテルニューオータニの創業者であった元幕下・鷲尾嶽こと大谷米太郎が協会への協力を惜しまず、蔵前国技館建設に資金面の援助をしました。今も角界の結婚式など催事には同ホテルが使われています。

現在は部屋・力士個人の「後援会」の活動が主流です。部屋経営の援助、力士個人の昇進など出世の際に化粧廻し、明け荷（化粧廻し、締込、衣類や小物類を入れるもの）などを贈る習わしです。相撲協会そのものを後援・支援する団体としては「溜会」・「東西会」があります。

相撲が昔から人気で、それと同時にいろんな方に支えられていたことがよく分かりますね。大相撲が発展したのも、ファンやタニマチさんあってのことです。

第3章

相撲部屋の歩き方

力士の稽古場

相撲部屋にお邪魔します

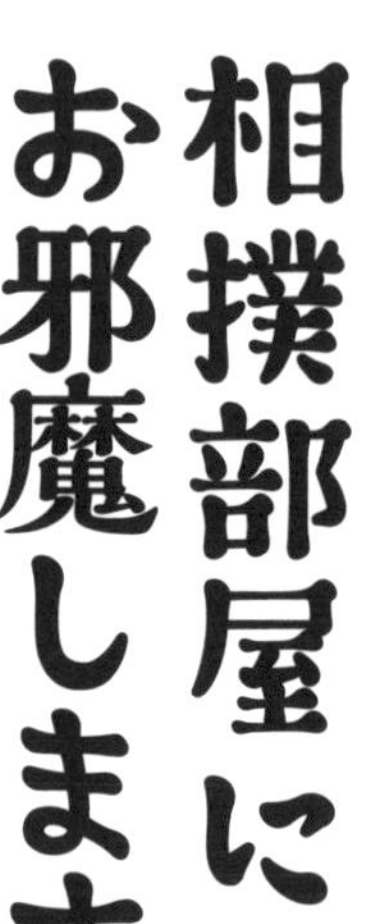

一般人の稽古見学を受け入れている相撲部屋があります。推し力士が目の前で稽古に励む姿を見るのは、ファンにとって至福の時間。相撲部屋見学の方法を手ほどきします！

稽古見学

●相撲部屋って？

相撲部屋は力士の養成所です。力士の養成員になったら、必ずどこかの「相撲部屋」に所属し、生活と稽古を仲間と共にすることになります。2024年1月現在、相撲部屋は44部屋あり、それぞれの「師匠」、元関取の親方が後進を育てています。

●稽古見学に行くには、どうすればいい？

全ての相撲部屋が一般の方の稽古見学を受け入れているわけではありません。推し力士が所属しているなど気になる相撲部屋の公式サイトを検索し、見学を受け入れているか調べてみましょう。

見学を受け入れている場合は、予約申し込みが必要か否か、希望の日に稽古をやっているかなど、サイトをよく見て確認ですね。見学可能でもそれぞれの部屋でルールが違います。「予約不可。問い合わせの電話はNG」「後援会優先」という部屋もあるので、部屋のルールをしっかりと守るのが、相撲ファンとしての姿です。また、本場所中は稽古の一般公開を行っていません。

●相撲部屋のマナー

真剣な稽古の場です。もちろん、力士の気が散ってしまうことはNGですよ。

●写真撮影はOK！フラッシュや大きな撮影音は控えて

顔なじみになると力士から「稽古の動画を撮ってほしい」と頼まれることがあります。後で見直して、今後の参考にするのでしょう。ただ、個人的な動画撮影やSNSへの投稿を禁じる部屋もあるので、注意しましょう。稽古場はお互いの力をぶつけ合う場なので、変化のない力強い相撲が見られるのも嬉しいです。

相撲部屋の見学にこだわらず「稽古が見たい」という場合は、地方本場所（三月大阪、七月名古屋、十一月福岡）前の稽古見学もオススメ。多くの部屋は本場所初日前日までの稽古見学が可能で、土俵が屋外に設けられているところも多く、見に行きやすさを感じられると思います。

公式サイトやＳＮＳで宿舎を発表する部屋もありますので、チェックしてみましょう。

●料金や持ち物は？

見学料は無料です。必要な物はとくにありませんが、相撲部屋での見学時は靴を脱いで正座をするので、脱ぎやすい靴、動きやすい服装がいいでしょう。手土産は必須というわけではありませんが、力士が喜んでくれる姿を見たいという方は、持っていくのもありかもしれません。

●見学の流れ

相撲部屋の稽古は朝早くから始まります。開始時間は部屋によってまちまちですが、7時〜8時頃からが多い印象です。最初は幕下以下の力士から稽古を始め、どんどん強い力士が現れます。8時か9時頃に伺うのがいいでしょう。

稽古の終了は11時半頃ですが、これも日によって違います。稽古が盛り上がっていたら長くなったり、場所前の調整期間は早めに終わったり。その後はお昼ご飯、ちゃんこの時間です。何度か通い認知されたり、運がよければ「ちゃんこを食べていきませんか？」と案内してもらえることもあるかもしれません。

●途中退室ＯＫ、お手洗いを我慢しなくてもよし

基本的にはいつ出入りしても問題ありません。出入りは最小限にとどめたいですが、無理しなくても大丈夫。気になる方はトイレの位置を最初に確認することをオススメします！

●私語厳禁

おしゃべりはもちろん、観戦の場ではないので、応援も控えましょう。

●飲食ＮＧ

お茶など出されるときもあります！

CHIKA'S SHOKKIRI

子どもの頃、東京へ相撲部屋見学に行ったことがあります。午前中に相撲部屋を訪れると、扉が開いていて出入り自由になっているという、なんとも大らかな時代でした。

力士の1日

相撲に一途

鍛練する力士の1日

力士の生活はいたってシンプルです。稽古、食事、睡眠、全てが強くなるために必要なこととして、1日のスケジュールに組み込まれます。

【力士の生活Q&A】

Q●力士に休日はあるの？

A●本場所が終わった後に、1週間の「場所休み」が与えられます。稽古がないので、家族サービスなど自由に過ごします。ただ、お休みを利用して挨拶回りをするなどいろいろなところに顔を出す必要がある人も。休みでも忙しいかもしれませんね。

Q●力士が相撲部屋を出て一人暮らしするタイミングって？

A●関取と呼ばれる存在になり、また親方からお許しが出たら相撲部屋を出

1日のスケジュール

※時間は目安です。各相撲部屋によって違いがあります。

午前5〜6時

○起床

起きてすぐ稽古の準備を始めます。朝食はとりません。その方が、後で昼食を食べたとき栄養の吸収がよくなり、大きな体をつくれるとされています。

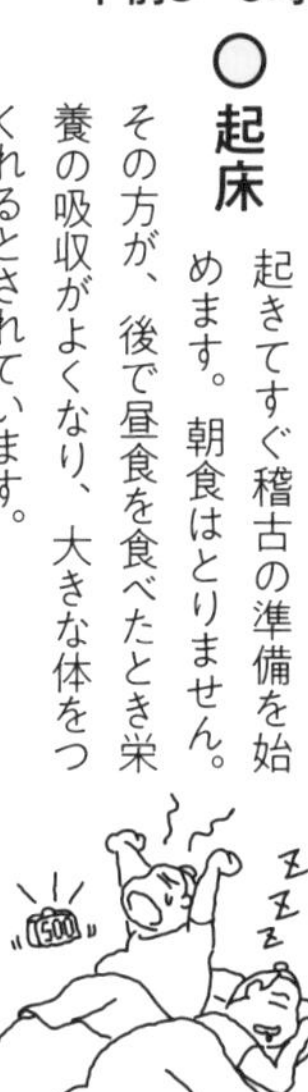

午前7〜8時

○朝稽古の開始

番付が下の力士から稽古を始めます。最初は体をほぐす準備運動から。だんだん、体をぶつけ合う実戦的な稽古に入ります。

午前11時半〜12時頃

○昼食

稽古が終了したら、みんなで昼食を食べます。まずは親方や関取など上位の力士から席に着き、下位の力士は給仕をします。

見学者が同席できることもあります。力士のおもてなしは見事なもので、1杯食べ終えたと思ったらすかさず後ろから「もう1杯いかがですか?」と声をかけてくれます。

午後2時〜

○昼休憩、睡眠

昼寝は昼食の消化を促進し、より大きな体をつくる手助けをしてくれるといいます。睡眠で体を休めることも稽古の1つです。

午後4時〜

○清掃など

部屋の掃除やトレーニングをして夕飯までを過ごします。夜に自由時間はありますが、日中のうちにすませたい用事がある力士は、この時間に外出することもあるようです。

午後6時〜

○夕食

昼食と同じように、みんなで席を囲みます。後援会の方などに招待され、外食へ出かけていく力士もいます。

午後7時〜

○自由時間

就寝まで、思い思いの時間を過ごします。外出する力士もいるとは思いますが、お部屋で和やかに過ごしている力士が多いのではないかなという印象です。プライベートなお出かけのときも、力士は和装です。

午後10時

○就寝

十両以上になると個室が与えられます。幕下以下の力士は大部屋で過ごすのが一般的です。

て一人暮らしができます。

Q● 結婚しても相撲部屋に住むの?

A● 結婚する力士は、原則としてお給料が頂ける関取となります。親方と相談して相撲部屋を出て生活できるので、結婚をしたら別の場所に居を移すことになりますよ。とはいえ、部屋の稽古があるので近くに住む人が多いそうです。

Q● 実技と教養を学ぶ教習所があるってホント?

A● 新弟子検査に合格し、協会に登録された新弟子が6ヶ月間、実技と一般教養を学ぶ教習所が国技館館内にあります。相撲史から相撲甚句、書道を含む国語、社会学・スポーツ医学など、力士としての知識と実技の習得が狙いです。

真剣そのもの！相撲の稽古とトレーニング

力士の強さをつくっている稽古は、シンプルながら体幹が厳しく鍛えられるものばかりです。相撲部屋で見られる稽古の数々をご紹介します。

相撲の稽古

●四股

両足を大きく開いて立ち、軸足になる膝に手を添え、一方の足をゆっくりと高く上げてバランスをとり、そのまま力強く地面を踏むように下ろします。これを交互に行う、相撲の基本です。

●股割り

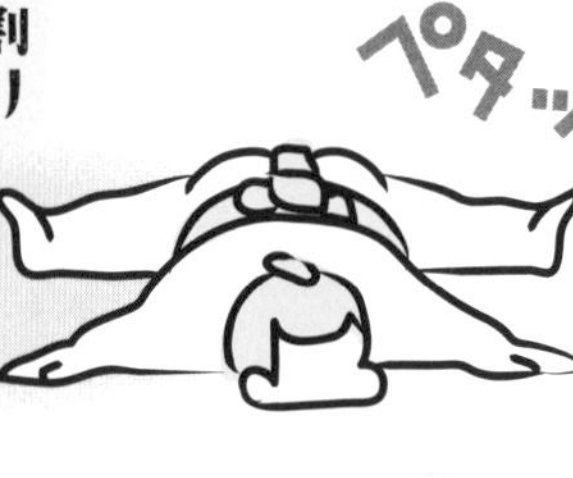

伸ばした足を大きく左右に開き、ゆっくりと腰を下ろして尻を地面につけて、その姿勢から前に伏せ、胸部を地面につけます。いわゆる開脚ストレッチで、柔軟性を身につけます。

●すり足

立ち姿勢から両足を大きく開き、姿勢を正しながら腰を落として膝を直角に曲げ、やや前傾から足を土俵から離さず、擦るように前進します。

●鉄砲

稽古場にあるヒノキなどでできた鉄砲柱に向かって脇を締め、右手で突く場合は右腰を入れ、同時にすり足も入れます。これを左右交互に何度も繰り返す稽古です。

稽古のぶつかり合いは本当にすさまじく、見入ってしまう迫力です。そして稽古と親方の厳しさ！張り詰めた空気感に、身が引き締まります。集中していない稽古は怪我につながりますからね。でも稽古が終わるとどんな親方も優しく親しみやすい表情に戻り、そのギャップがたまらないです。

申し合い

2人が土俵で勝負し、勝った力士は土俵に残って次の相手を指名する。勝てば勝つほど、その日の稽古の番数が増えて、力をつけることができます。実戦的稽古です。

三番稽古

「三番」という名称ですが、実際には何番も続けて対戦をくり返す稽古のこと。番付が近い者同士で組んだり、特定の相手を想定して似た力士と稽古したりします。

ぶつかり稽古

受ける側が土俵の中央で構え、相手が受け手にぶつかっていく稽古。上位の力士が受け手側に立ち、最後は土俵際でぶつかってきた相手を転がす、押しと受け身を修得する重要な稽古です。

見取稽古

他人の稽古を見学して、良い面や悪い面を分析すること。申し合いのとき土俵には2人しか入れないため、ほかの力士はこの見取稽古を行うことになります。

このたび取材でお邪魔した二子山部屋では**縄跳び**も。100kgを超える体格で軽快な縄跳びをするのには驚かされました。足への負担は、一般的な体格の方とは比べものにならないでしょう。

早春の朝稽古
相撲部屋に行ってみた！

狼雅関などの力士を擁する二子山部屋にお邪魔しました。迫力の稽古や力士の印象をレポートします。

二子山部屋

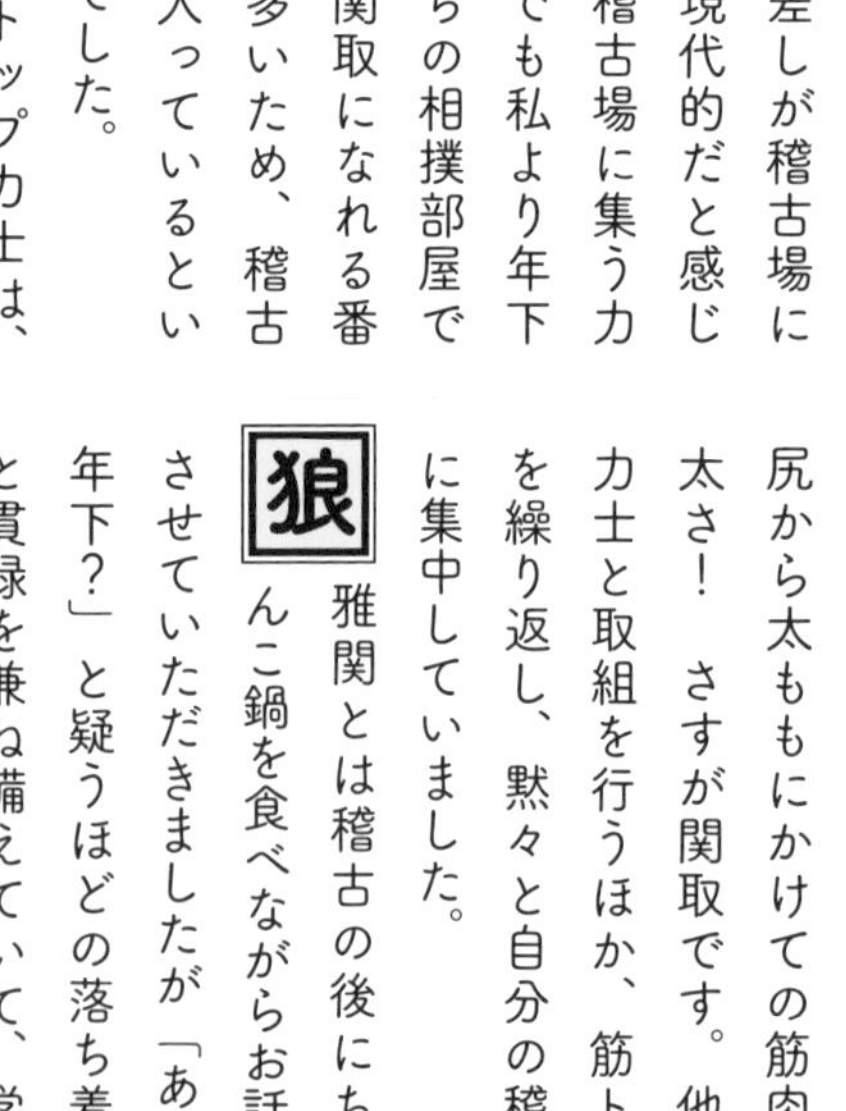

採光十分の稽古場に若手力士が集う。

二子山部屋が使う施設は数年前に建てられたばかりとのことで、日差しが稽古場に降り注ぐ設計が現代的だと感じました。明るい稽古場に集う力士は、一番年長でも私より年下で、若い力士たちの相撲部屋です。あと一歩で関取になれる番付の幕下力士が多いため、稽古にかなり気合が入っているというのが第一印象でした。

二子山部屋のトップ力士は、狼雅関。狼雅関の体のなかでも真っ先に目を奪われるのが、お尻から太ももにかけての筋肉の太さ！　さすが関取です。他の力士と取組を行うほか、筋トレを繰り返し、黙々と自分の稽古に集中していました。

狼雅関とは稽古の後にちゃんこ鍋を食べながらお話しさせていただきましたが「あれ、年下？」と疑うほどの落ち着きと貫禄を兼ね備えていて、学生

施設は全体的にモダンなつくり。階段もとってもおしゃれ。

狼雅関（右）は鳥取城北高校に相撲留学し、3年生の高校総体では当時の豊昇龍関に勝利してチャンピオンに。時代を切り拓いている力士の1人。

時代から日本にいるので日本語がお上手。お食事前には、冗談を言って笑わせてくれました。「鳥取城北高校と二子山部屋では、どちらの稽古が厳しいですか？」と尋ねたところ、親方が「断然、城北の方が厳しいだろ」と答えられ、面白かったです。

二子山部屋の稽古は、若手がのびのび相撲を取れる環境と感じました。若手力士の皆さまが真剣に稽古する姿から力をもらいました。

温和な性格の力士が多く、親方の指導も上から押さえつけない現代的なスタイルです。このお部屋で稽古を積み重ねるうちに、みんなが自分の相撲を切り拓いていけるのではと感じています。

差し入れのお米が大量に！力士出身の保育施設から贈られた米袋には、幼児からのメッセージが。

親方が稽古場に入ると、空気がいっそう引き締まる。

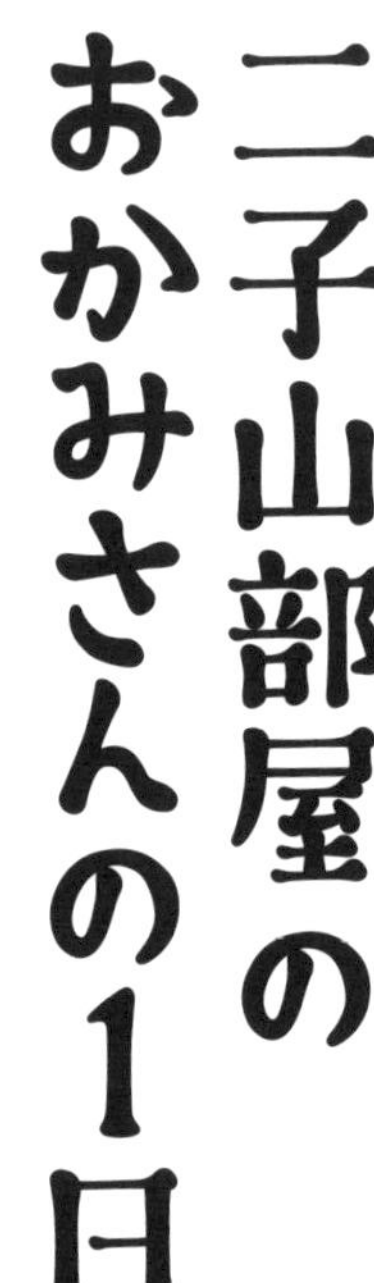

たくさんの「息子」を支える 二子山部屋のおかみさんの1日

おかみさんは、相撲部屋で力士の生活全般をサポートする存在。多くの部屋で親方夫人がおかみさんを務め、膨大な仕事をこなしています。

おかみさんの1日

1日のスケジュール

9:00

○**ちゃんこの支度を開始**

家族の朝食を用意し、洗濯や掃除など家事を一通り終えた後に稽古場へ。ちゃんこの調理を手伝う日は、この時間から準備を始める。

12:00

○**食事**

親方や弟子たちと一緒にちゃんこを囲む。食事をとらず仕事をすることも。

「日々、やることが違う」というおかみさんですが、ある1日のスケジュールをモデルケースとして教えていただきました。

教えてくださったのは…二子山部屋のおかみさん **竹内侑加**(たけうちゆか)さん

基本的な仕事は相撲部屋を運営するために行う事務全般です。ルーティンがあるというよりも毎日やることが違い、スケジュールで紹介したことのほかにも、例えば千秋楽が近づいたら祝賀パーティーの準備をします。

午後

各種事務

▼後援会に差し入れのお礼状を書いたり、必要な連絡をしたり。後援会とのやりとりは、おかみさんの大事な仕事の1つ。

衣類の準備

▼弟子たちの着物や下着を手配し、浴衣の仕立てが必要であれば、仕立屋さんに依頼する。

地方場所の準備

▼地方場所は大勢の力士の大移動が必要になる。宿泊や、荷物を運ぶトラック、レンタル布団の手配をする。

17:00

夜

家族の夕食を準備

学校から帰ってくる子どものために夕食をつくり、家事を引き続き行う。

親方とミーティング

相撲部屋の運営や弟子たちの様子について、親方と情報を共有する。

おかえり!
ただいま!
あの子も
最近頑張ってるね!

相撲部屋に住んでいるので、1日中、何かしら仕事をしています。「丸1日お休み」なんていう日は、1年に1日もありません。本当にやることが多すぎて、今日やるべきことが全てできずに終わり、明日へ持ち越しになることも……。「仕事を何人分もやっているね」と、よく言われます。でも、基本的には楽しくこなそうと心がけています。

やらなければいけない仕事がたくさんあるなかで最も重要視しているのは、弟子たちを大切にすること。私には息子がおり、「もし、息子がこの環境で、この待遇で相撲部屋にいたら、私は親としてどう思うだろう」と常に考えています。大事な息子さんをお預かりしているという感覚を忘れてはならないと、いつも心がけています。

相撲部屋のこと、もっと知りたい！①

おかみさんにインタビュー

弟子たちの母親がわりであり、相撲部屋を陰で支えるおかみさんは、日々どんな気持ちで仕事をしているのでしょうか。相撲をもっと好きになるポイントも含めて、お話を伺いました。

おかみさんインタビュー

二子山部屋のおかみさん
竹内侑加さん

弟子たちの成長を見るのが楽しい

うちの部屋の弟子たちは、本当にみんな素直でいい子ばかりです。そんな弟子たちと一つ屋根の下で暮らしているので、成長を見るのがとても楽しくてなりません。みんな、若くして入門するので、来たばかりの頃は「まだまだ高校生だな」という幼い雰囲気でも、力士として立派に育っていく。その成長が面白いかなと思います。

どんな子も大事にしたいと思いながら接しています。ただ、親方は理不尽なことで怒ったりしないし、怒るときにはちゃんと納得できる理由がありますが、私はどうかというと……けっこう感情のままにいろいろ言ってしまうときがありますね（笑）。

弟子の取組は全部観ています

力士の取組は朝早くから始まりますが、私は弟子たちの取組を全て配信動画で観るようにしています。取組表をコピーし、弟子たちの名前に印をつけて、「だいたい何時くらいに出るな」と目星をつけておくのです。

取組を観ている間、「大きなケガをしませんように。」そして「ふだんの稽古の成果がちゃんと発揮できますように」と祈っています。同じ番付を行き来している力士と当たった弟子には「勝って！」と。いろいろ願ってしまいます。

相撲は好きな力士を見つけることから

相撲の面白さを味わいたいなら、まずは好きだと思える力士を見つけることから始めるのはいかがでしょう。お顔や体形が好みだとか、年齢が近いとか、とくに自分やお子さんと同じくらいの年齢の力士の頑張りを見ると、励みになりますよ。

また、力士のファッションにも注目してほしいです。十両からつくれる浴衣には、自分の四股名を染めるのが以前のスタンダードでした。最近はオリジナルのデザインを入れるなど、こだわっている人が多い印象です。

二子山親方は現役の頃から猫が好きで、浴衣地に猫のイラストを入れていました。部屋を持った今も、猫柄を大切にしています。

1人で後援会に入っても安心して楽しめる

二子山部屋では、後援会の方だけが稽古場見学や千秋楽の祝賀パーティーに参加できます。パーティーに若い子が1人で申し込んでくれることも増えて、テーブル割りを考えるとき「同世代の同性グループをつくろう」「このテーブルには若い子に人気のある力士を座らせよう」と考えるのも楽しい作業です。当日、そのテーブルが盛り上がっているのを見ると、嬉しくなります。

各相撲部屋の後援会では、力士や部屋をもっと身近に感じられると思います。

二子山親方にインタビュー

東京都葛飾区柴又にある**二子山部屋**にお邪魔して、**二子山親方**（元大関・雅山（みやびやま）関）にインタビューしました。弟子への思い、1日のスケジュール、相撲ファンに伝えたい相撲の魅力……。親方の愛情深いお人柄が感じられるお話ばかりでした。

何が勝ちに一番近いかを考えて指導している

山根　親方が二子山部屋を興してから6年ほどと伺いました。弟子との日々には、どんな楽しさがありますか。

二子山親方（以下親方）　相撲部屋は、早ければ中学生の年齢から入門して共同生活を始める世界です。そんな子たちが、相撲はもちろん人間的に成長したと感じられるときが一番楽しいし、嬉しいです。基本的には素直な子が多いので、私は恵まれていると思っています。相撲とは全く違う話もしますよ。時には恋愛相談になったり……。いろんなタイプの子がいるので面白い反面、全員性格が違いますから、接し方を常に考えています。

山根　楽しい反面、苦労することもありそうですね。

親方　例えば狼雅は、高校時代に実績を上げて相撲部屋に入ってきたので、本人のプレッシャーは相当なものでした。真面目に努力をする子なのに、幕下生活が長かった。親方の私に、番付を上げてあげられる器量がないと言われても構わない話なの

二子山親方にインタビューさせていただき光栄でした。親方ありがとうございます。

ですが、狼雅が苦しいときどんな気持ちの持ち方をさせなければならないのかと、そこは苦労しました。

山根 どう伝えたんですか。

親方 「自信を持って1日、一番を取り組みなさい」と繰り返し伝えました。狼雅もだんだん理解してくれて、自分でもそういう気持ちに変わってきたようです。筋肉が硬く、柔軟性としなやかさがない分、体重を増やして相手の攻撃を弾き飛ばすくらい鋼の筋肉をつければもっと強くなると思います。

ただ、どんな力士にも筋肉の質や体つきに個性があります。親方である私が稽古方法を全て押しつけるスタイルではなく、それぞれの子に合った稽古方法を自ら見つけさせるのが大事だと感じています。その子の個性を見極め、何が勝ちに一番近いかを考えて指導をしているつもりです。

またとくに今は、スポーツの指導者が上から押さえつけるような訓練が時代に合わなくなってきたこともあり、言葉を選んで指導することを心がけています。弟子たちにも「暴力は絶対にダメ。言葉を選び、考えて行動しなさい」と常々伝えているところです。

親方の1日は朝から晩まで大忙し

山根　親方の1日のスケジュールを教えてください。

親方　審判をやっている場所中は8時までに会場へ行きます。審判には次の日の取組を決めたり、勝敗をまとめたりなど、取組を見届ける以外にも仕事があります。夕方は後援会の方々と夕食に出かけるなど、お付き合いも多いです。

山根　本当に1日中、お仕事をしていらっしゃるんですね。相撲部屋自体は、どんなスケジュールですか。

親方　朝稽古が7時半から始まって、12時頃にはちゃんこを囲みます。午後は昼寝の後、掃除や洗濯以外はある程度、自由時間になります。ただ、相撲部屋としてトレーニングジムと契約していますので、三段目くらいになったら最低週2回は行かせるようにしています。

夕飯も一緒にちゃんこを囲みますが、外食も事前に申し出てもらえれば、基本的には自由です。昼食は稽古のうちという意味でしっかり食べてもらいますが、夕飯はお腹が空かない程度でよいというのが部屋の方針です。近場へ好きなものを食べに出かける力士もいますよ。

山根　先ほど稽古の最中に小包が届けられたのを拝見しました。ちゃんこのための差し入れもたくさんありそうですね。

親方　後援会の方から頂いたり、巡業先で仲良くさせていただいた方からその土地の名産品が届いたりと、ありがたいことにちゃんこの食材は充実しています。

山根　親方のお人柄ゆえですね。

オールマイティーな力士が育ってきた

山根　親方ご自身が考える、大相撲の魅力ってなんでしょうか。

親方　まずは勝敗がはっきりしていること。そしてルールが簡単なことです。足の裏以外が土俵についたら負けですから。また、私が現役の頃とは少し違って、スタイルが多様化しました。昔は「この人が右四つになったら最強」といった型がありましたが、今はみんなオールマイティーに対応できていると思います。

山根　私が小学生くらいのときでしょうか、やはり強い力士には鉄板の型がありました。その型に持っていけたときの、観客の盛り上がりようを覚えています。今はどんな形になってもある程度対応できる、運動能力の高い力士が多いですね。

親方　おっしゃるとおりで、いろんなことができる力士が増えていると思います。トレーニングの方法も多様化しているでしょうからね。私が現役の頃は、稽古が7割から8割を占め、トレーニングでは鍛えきれなかったところを補助するというイメージでした。今は稽古5割、トレーニング5割で鍛えている力士も増えてきているのかなと思います。

力士の成長を見守る喜びぜひ味わって

山根　これから大相撲を体験し

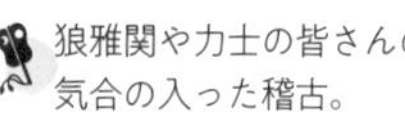
狼雅関や力士の皆さんの気合の入った稽古。

稽古に取り組む力士を真剣に指導する親方。

たいと考えている人に、オススメしたいことはありますか。

親方 やはり一番味わってほしいのが、生で観戦するときの臨場感です。バチンと体がぶつかり合う音は、2階席まで鮮明に聞こえます。仕切りのときの表情や仕草にも注目してほしい。実はそこから勝負は始まっているからです。いつも頭からぶつかってこない力士が首を回していたら「今日は頭からくるのかな」と読めますし。皆さん、最初のうちは土俵に注目するから、難しいかもしれませんが。

文字通りの裸一貫、素手で挑む、体だけが武器の戦いを観てほしいし、ハマっていくと優勝争いや十両入れ替え戦が面白くなってくると思います。

あとは、それぞれご贔屓の力士もいるとは思うのですが、できれば土俵に上がる全員に拍手を頂きたいです。土俵に立つということ、それ自体がすごいことですから。そして「この子は強くなりそう」「顔が好み」「所作がきれい」など気になる力士がいたら、ぜひとも成長を見守ってください。その子が番付を上げていったら、自分が育てたと思えるくらい喜びがわくと思います。

山根 番付が下の頃から成長を見守れるのって、いいですよね。

親方 その方が、いっそう喜びがあると思います。今は応援タオルといったグッズがありますよね。私が現役の頃であれば考えられませんでした。非常に面白い時代になったと思います。グッズを活用していただいて、またタイミングよく姿を見かけたときは直接お声がけをして応援してもらえれば、力士も嬉しいのではないかと思います。

これからの5年が相撲部屋としての勝負どころ

山根　今後の二子山部屋について。目標はありますか。

親方　若い弟子が多い部屋ですが、幕下力士が増えてきていますす。今年から5年くらいが、関取を増やしていく勝負の年だと感じています。今の関取は狼雅のみですが、今後1人でも多く番付を上げていき、幕内力士が途切れないよい状態を保っていきたいです。

山根　個人的には、二子山部屋と猫ちゃんとの関係性も気になるところです。力士の皆さんは、猫ちゃんと触れあいますか。

親方　20歳を過ぎてお酒が飲める子も増えてきましたので、たまに上の部屋へ呼んで飲む機会があると、そういうときに猫を触ったりしています。猫好きが多いですね。ただ、保護猫をボランティアとして預かっているので、そのうちどなたかへもらわれていきます。同じ釜の飯を食べるという点では弟子と同じなので、情が湧いてしまいますね。いなくなったら、寂しくなりそうです。

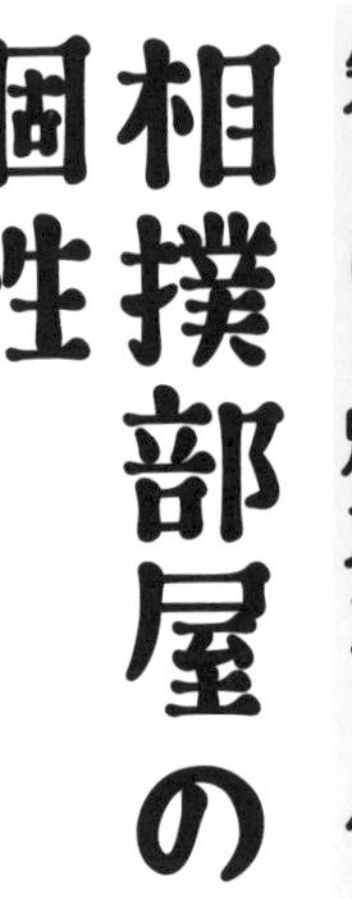

知るほど魅力たっぷり 相撲部屋の個性

いろんな相撲部屋を訪問すると、それぞれの特徴が見えてきます。親方の方針によって、相撲部屋の個性もさまざまです。

力士が砂まみれになりながらも、努力する姿を見ると「自分もがんばろう！」と心に火がともります！

高田川部屋 春日野部屋

親方の真剣さが伝わる稽古

親方の真剣な指導と厳しい稽古が印象に残った2部屋です。高田川親方は元関脇の安芸乃島関で、竜電関や湘南乃海関といった関取がいます。春日野親方は元関脇の栃乃和歌関で、栃ノ心関や栃乃若関などを育ててきました。迫力ある指導と稽古に、見学している側も身が引き締まります。稽古は一歩間違えると、大怪我するリスクがあります。強くなり、怪我をしないために必要な真剣さと厳しさです。

佐渡ケ嶽部屋 伊勢ケ濱部屋

関取多数の大部屋に圧倒される

多くの関取を輩出しているこちらの2つの部屋は、所属している力士の人数も多く、迫力のある稽古を見ることが

監修者・谷口公逸先生に教わる「相撲部屋の歴史」

弟子が師匠から独立し、部屋を興すことにより、本家と分家的なつながり（縁）から複数の部屋グループができました。これを一門と呼びます。現在、出羽海・二所ノ関・高砂・時津風・伊勢ヶ濱部屋の5つの一門があります。相撲部屋はいずれかの一門に属しており、江戸から明治の頃まで部屋系統の一門というのは、師匠から弟子に引き継がれたため名跡が移ることは少なかったのです。現在は部屋を経営し、力士を養成している年寄名跡以外は自由に譲渡できるため、一門の絆や意識は以前ほどではなくなりました。

戦前までは一門の力士同士は対戦しない決まりがあり、一門の絆は強いものでした。昭和40年からは一門でも違う部屋であれば対戦する部屋別総当たり制になり、一門別で行っていた巡業も、相撲協会として一括に管理して行うようになりました。

多くの部屋では師匠や出世名を継承したり、字をもらったりしており、どこの部屋の力士か判別できます。例えば、佐渡ヶ嶽は「琴」伊勢ヶ濱は「富士」、九重は、「千代」、二子山は「雅」といった具合です。

できます。取組ひとつから技術の高さが感じられます。佐渡ヶ嶽部屋の現役関取は琴櫻関、琴恵光（ことえこう）関など。伊勢ヶ濱部屋は照ノ富士関、熱海富士関、翠富士関、尊富士関など。数多くの強い力士がいる部屋は、それぞれの相撲への意識の高さを感じます。部屋のみんなで切磋琢磨を重ね、互いによい影響を与えているのが見て分かります。

CHIKA'S SHOKKIRI

まだ推し力士が決まっていない方にオススメなのが、推しの相撲部屋を見つけることです。最近はYouTubeやSNSで稽古や力士の生活を紹介してくれる部屋も増えています。全日本相撲協会公式チャンネルでも、一門の連合稽古の様子や、部屋の朝稽古も見られるので、そちらから気になる部屋や力士を探すのはいかがでしょう。

コラム3
チケットの取り方

ここがコツ！ チケットの取り方

大相撲のチケットを購入する王道の方法は、「チケット大相撲」や「チケットぴあ」のサイトからネット予約を申し込むことです。でもあっという間に売り切れてしまい、とくに人気の席は販売数や販売場所が限られていることもあって、入手が困難な一面も。「いつも売り切れに泣いているけれど、次こそは観戦したい」と思っている人は、次の方法を試してみてください。

①ネット予約以外の方法を使ってみる

電話予約やコンビニ端末からの予約、相撲案内所（通称「お茶屋さん」）への問い合わせが有効な場合もあります。さまざまな予約方法は、日本相撲協会の公式サイトにある「チケット購入方法」で調べましょう。問い合わせ可能な相撲案内所の電話番号なども掲載されています。

②大相撲公式ファンクラブに入会する

ファンクラブに入会すると、有料のチケット先行抽選に申し込むことができます。一番手頃な「幕内コース」や「小結コース」なら２次先行から、「関脇コース」「大関コース」「横綱コース」なら最速の１次先行から申し込み可能です。

③当日券、本場所以外で楽しむ

会場へ行き、当日券を購入します。売り切れになってしまうこともあるため、早めに出向きましょう。本場所以外の比較的にチケットが入手しやすいイベントもあるので、はじめての観戦は、そちらも狙い目です。

④九州場所に参戦する

本場所のなかでも九州場所は会場も広く座席数が多く、チケットが完売しづらいためオススメです。遠方から来訪する際は、宿泊場所や交通手段も同時に確保を。大相撲はほかのスポーツと違い時間が押すことがほぼありません。計画どおりに行動できるでしょう。

第4章

力士と食

力士の食事について知ろう

力士がつくれば全部ちゃんこ?

力士の体をつくっている食事について、豆知識をご紹介。実は、力士も私たちと同じようなものを食べているんです。

『ちゃんこ』は鍋だけにあらず

「ちゃんこ」といえば、有名なのがちゃんこ鍋。でも実は**力士がつくり、また食べる物であれば全部「ちゃんこ」と呼ばれます。**相撲部屋では、ちゃんこ鍋だけではなく、大きな卵焼きや大量の唐揚げ、生姜焼き、ハンバーグなどがたくさん並びます。

どの相撲部屋でも、栄養バランスの整った食事が出されますよ。

ゲン担ぎから自分に合った食事

相撲の世界では、さまざまなことでゲンを担ぐ習慣が多々あります。食事に関しては、昔から縁起物の食材と、縁起が悪いことから控えた方がよいとされる食材があります。縁起がよいとされる食材の代表格は鶏肉です。ニワトリは前足をつかず、2本足で歩くことから「手が土につかない」と、相撲界で愛されてきました。

監修者・谷口公逸先生に教わる「ちゃんこの語源」

なぜ、力士の食事を「チャンコ」と呼ぶようになったのかには諸説ありますが、以下の2説が有力です。第1は、旧両国国技館が完成する前の明治35年頃、回向院の本場所開催中は幕下以下の力士、呼出し、床山などが集まって食事する場所（食堂）が設けられており、ここでの飯炊き当番には古参力士が多く、若い力士たちから「チャン」と呼ばれ親しまれていました。その後、両国界隈の下町言葉で父ちゃんの「チャン」と語末に東北のお国訛り「〜コ」が付いて「チャンコ」と呼ぶようになり、やがて料理番だけでなく共同炊事場や食事そのものを〝チャンコ〟と呼ぶようになったという説です。第2は、中国から長崎に伝わった大鉄鍋の鏟鍋（チャングォ）の中国語発音〝チャングォ〟の訛りが転じて伝わったというものです。

反対に、昔から縁起が悪いとされる食べ物は、鶏と違い、4本足で歩く豚や牛。土俵に手をついてしまうことを連想されるから——というのが理由のようです。

最近は栄養バランス第一で考え、食事でゲンを担ぐことは少なくなりました。その代わりに、**自分に合った食事を大切にしている方が多く、貴景勝関は卵を「1日に1パック近く食べる」とおっしゃっていました。**体の調子やハリがよくなるようです。現在は、食よりもルーティンでゲン担ぎをする力士の方が多いようです。

全部美味しい！

力士がつくる相撲部屋の食事

相撲部屋といえばちゃんこ。バラエティーに富んでいますが、どんなふうにつくられるのか、各部屋の特徴は？と興味津々な方のために、相撲部屋のちゃんこについてお伝えします。

力士が持ち回りでちゃんこをつくる

ちゃんこは、各部屋の力士が持ち回りでつくります。ちゃんこ番となった数人の力士は、朝稽古を早めに切り上げて昼食の支度を始めます。ちゃんこ番がちゃんこをつくる姿はとても手際がよく、その量も一般家庭からは想像ができないほどたっぷりで豪快です。美味しそうに食べる大食漢を見て、気持ちいいと感じる方には相撲部屋のYouTubeがオススメですよ。

相撲部屋によっては、**ちゃんこ長といわれるちゃんこづくりのプロとも呼べる人もいます。**力士の胃袋を支える、縁の下の力持ちです。

豊富な食材のうまみで味が濃厚

相撲部屋でつくられるちゃんこは、ちゃんこ料理店のちゃんこと比べて味が濃厚なのが特徴です。なぜなら、大きな鍋にたっぷりの具材が入るから。大量の具材から出たうまみが、ちゃんこを最高の味にしてくれます。

相撲部屋のちゃんこはまさにこの「濃厚」さが特徴で、はじめてちゃんこ鍋を食べた友人も「濃いね〜！」とびっくりしていました。だからこそご飯が進み、体を大きくしなければならない力士にぴったりです。

ちゃんこ屋さんのちゃんこも、ダシをしっかり取った上品な美味しさが堪能できてお気に入り。相撲ファンなら、ぜひ両方とも味わってほしいと思います。

チーズリゾットにカレー風味、鍋の味は無限大

ちゃんこ鍋の内容は、各部屋によっても違うし、毎日味が変わります。塩味、醤油味、味噌味、キムチに湯豆腐……。変わり種だと、錣山（しころやま）部屋でチーズリゾットちゃんこを頂いたことがあります。錣山部屋の以前のちゃんこ長は、元パティシエだったそう。塩バターちゃんこも絶品でした。

取材でお邪魔した二子山部屋でごちそうになったちゃんこ鍋は、うどんたっぷりのカレーちゃんこでした。味のレパートリーは7種類あるそうです。

相撲部屋のちゃんこは豪華!?

相撲部屋には後援会などから差し入れが届きます。時には全国の名産品を頂くことも。一般家庭では鍋の具材にしないような食材も投入していきます。この豪快さから生まれる、新しい味の美味しいちゃんこもあるのでしょう。

人気の部屋や力士には差し入れの質も量も素晴らしいようで、食卓が華やか。後援会の皆さまのご厚意や、優しさが力士の体づくりと、稽古をがんばる気持ちを支えてくれています。

ちゃんこ屋さんのちゃんこも、もちろんとっても美味！

相撲部屋を一歩出た 力士とのご飯レポ

相撲関連のお仕事のおかげで、ありがたいことに力士の方と食事をご一緒する機会があります。そんななかで印象に残ったこと、意外で面白いと感じた姿などをお伝えします。

思い出の食事

関取が食べる量は どのくらい？

新弟子の頃は「食べるのも稽古」と、量をたくさん食べて体をつくることが重要視されています。関取ともなると体をより大きくするため、たくさん食べる方もいる一方で、すでに体ができあがっているため、食べる量は一般的という方もいます。どちらも、しっかりとバランスよく食べられている印象です。

皆さん「たくさん食べるんじゃないかって、やっぱり期待されちゃうんだよね。もっと食べた方がいいのかな」と、困ったように笑います。

食事のときも 溢れる相撲愛

私は、力士の方と食事をするときは意識して相撲以外のお話をするようにしています。「ご飯を食べているときくらい、相撲

のことから離れてリラックスした方がいいのかな」と感じるからです。

しかし、そんな私の思案を吹き飛ばすかのように、力士の皆さんは溢れんばかりに相撲の話をしてくれます（笑）。食事の席で、ずっとその日の稽古の動画を見せてくれたり。貴重な動画を拝見できて嬉しいですし、頭のなかが相撲でいっぱいになっていることに感動します。そんな方ほど、めきめきと実力をつけて番付を上げていきます。

常人離れした酒量

力士の方は、体が大きい分、お酒をたくさん飲める方も多いようです。相撲界では、お酒のことを「馬力」なんて言い方もします（笑）。相撲界の数々のお酒にまつわるエピソードを伺ったこともあります。かつて豊昇龍関と食事をご一緒したとき、生ビールを３つ同時に頼み、ジョッキ１杯をほぼ一口で飲み干していました！ ご本人は「ふだんはそんなにお酒は飲まない」とおっしゃっていましたが、その日はビールで食欲を刺激してお食事をされているようでした。しかし豊昇龍関が特別お酒に強いというわけではなく、力士の酒量は一般人とかけ離れていると常に思っています。

美容に効くちゃんこレシピ

3つのお鍋でお肌ツヤツヤ

多くの相撲部屋のちゃんこ鍋を食べた経験と、スポーツフードスペシャリストなど調理系資格を持つ山根定番の、美味しくて体と美容にいいちゃんこ鍋を紹介します！　具材の量は、お好みで‼

ちゃんこ鍋レシピ

山根がちゃんこ鍋をすすめる4つの理由

1、お肌がツヤツヤに潤う！

2、野菜たくさん！ダイエットにピッタリ！

3、栄養 & 美味しさ◎！心も体も健康！

4、とっても簡単！誰でも手軽に上手にできます！

芝田山部屋リスペクト 豆乳ちゃんこ鍋

芝田山部屋の豆乳ちゃんこに感化され私もつくるようになりました。豆乳のもとになる大豆にはイソフラボンがたっぷりで、「美肌ホルモン」と呼ばれるエストロゲンの働きを補ってくれます。サツマイモを入れると、甘～いご褒美に。

材料

豆乳、豚肉、タマネギ、サツマイモ、ニンジン、マイタケ、シメジ、水菜、ミックスビーンズ、コンソメキューブ、味噌、白ごま

作り方

1. 材料をお好みの方法でカット・準備する
2. 鍋に具材を入れ、具材がひたひたになるくらいの水を入れて火にかけ、蓋をする。
3. 沸騰したらコンソメキューブを１つ投入。
4. 具材が煮えたら、水と同量の豆乳を注ぎ、沸騰しない程度に温める。
5. 最後に味噌を適量溶かし、白ごまを適量散らしたら完成。

POINT 素材の美味しさでいける人はそのまま、物足りないならコンソメキューブや味噌を足してみて。

材料と効果

◉お肉、豆腐

お肉や豆腐にはタンパク質が豊富です。**長寿の方はタンパク質をよくとっていると聞きます。**筋肉をつくる大事な成分。ダイエット中もきちんととりましょう。

◉きのこ類

ビタミン類と食物繊維が豊富なきのこは、肌と腸を整えます。いくら食べてもカロリーが少ないのも嬉しいところです。

◉野菜

好きな野菜をたっぷりと入れちゃってください！　ビタミンやミネラル、食物繊維があなたの健康を支えます。

ご家庭から相撲部屋まで定番の キムチちゃんこ鍋

時津風部屋では塩、立浪部屋では味噌に辛味を加えたベースのキムチちゃんこが定番のよう。キムチの辛みで体が温まりますし、食欲のないときも食べられます。シメのおじやをつくるときは、卵を溶き入れると最高です。

材料

豚肉、ニラ、ニンジン、白菜、白滝、豆腐、モヤシ、ネギ、ゴボウ、シメジ、キムチ

作り方

1. 材料をお好みの方法でカット・準備する
2. 鍋の一番下に好みの量のキムチを敷き、その上に具材を並べ入れ、具材がひたひたにかぶるくらいの水を入れる。
3. 蓋をして火にかけ、具材が煮えたら完成。

POINT キムチが好きなので、一度にたくさん使います。キムチの旨みで調味料いらずです。

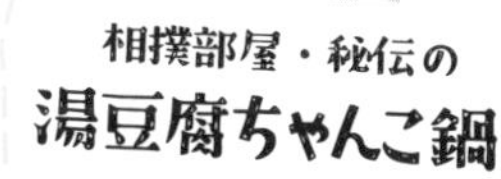

相撲部屋には、部屋秘伝の湯豆腐ちゃんこがあります。その秘密はつけだれ！　私なりに再現しました！　お鍋自体にほとんど味がなく、つけだれで変化をつけます。好みのつけだれで食べてみて。胃に優しく、ついつい箸が進みます。

材料

鳥軟骨ミンチ、水菜、大根、ネギ、春菊、ニンジン、エノキ、白滝、木綿豆腐、昆布、卵、だし醤油、青のり、鰹節

作り方

1. 材料をお好みの方法でカット・準備する
2. 全ての具材を鍋に入れ、ひたひたになる程度の水を加えて火にかける。
3. つけだれをつくる。卵黄2つを器に入れ、鰹節、青のり、だし醤油をかける。
4. 具材が煮えたら、つけだれで頂く。

POINT 入れた昆布は、そのまま頂きます。昆布のミネラルが、体の調子を整えてくれますよ。

おわりに

『大相撲の歩き方』をここまで読んでくださった皆さま。誠にありがとうございます。今まで相撲に触れてこなかった方に、相撲の面白さが少しでも伝わり、相撲ファンの方には、少しでも新しい知識や楽しみ方を紹介することができたのなら、こんなに嬉しいことはありません。

「小さな頃から相撲が好き」。

この経験が、私が仕事をするなかでどれだけ支えになってきたか計り知れません。

大相撲が大好きで、大相撲に助けられてきたから、私はもっともっと相撲の普及に貢献したいと思っています。若い世代や相撲に縁がなかった方は「相撲はハードルが高い」と思われることが多いでしょうから、まずは私が大相撲を趣味にするハードルを低くしていく役割を担いたい。

大相撲だけでなく格式ある文化の伝統を重んじることは大切です。しかし、お堅すぎる世界では新しい人は萎縮してしまい、なかなか新規ファンが増えない側面もあります。私は皆さまがそれぞれのかたちで、相撲好きでいることはよいことだと考えています。まずはテレビや配信で、そしてこの本から大相撲のよさを知っていただき、相撲を好きになってもらえたらと思っています。いつか私が相撲の世界と新しいファンの人たちの架け橋のような存在になれたら嬉しいです。

大相撲は今、ちょうど面白い局面を迎えています。若くして大相撲を背負うようなカリスマ性を持つ力士が何名もいらっしゃるからです。鳥取出身の私としては、縁のある人たちの「桜時代」を楽しみにしています。

最後になりましたが、この本にお力添えくださった皆さまにお礼を言わせてください。

撮影にご協力いただいた公益財団法人日本相撲協会の皆さま、広報の林剛史さま。

取材や撮影を快く引き受けてくださった二子山親方、おかみさんの竹内侑加さま、狼雅関、合同会社ピカロの坂上祐生さま、生田目竜也さん、出沼大樹さん、許田直希さん、舞蹴修樹さん、延原闘真さん、若雅隆生さん、小滝山健人さん、相馬伸哉さん、桑江一生さん、月岡雛大さん、颯雅真さん、恵雅悠斗さん、厚雅朋誠さん。

帯コメントをくださったナイツ塙さん。

監修を務めてくださった大相撲史研究者の谷口公逸先生。

-両国- 江戸NORENでの撮影にご協力してくださった吉田秀久さん、青木信幸さん。

衣装協力してくれた浅草 日本文化体験サロン【桜永-oue:i-】の皆さん。

カメラマンの小川内孝行さん。

ヘアメイクと着付けをしてくれたいつもお世話になっている未奈子。

書籍作成チームの皆さまと私をつなげて、さまざま調整してくれたマネージャーの佐藤さん。

書籍作成チームのまとめ役、中村由紀人さん。

ステキなデザインやイラストを作成してくださった株式会社ジーラムの齋藤稔さん、書籍を編集してくださった奥山晶子さん、清水龍一さん。

そして、いつも私と交流してくださる方々と、全ての相撲関係者の皆さまのおかげで、私にとって宝物のようなこの本ができました。本当に本当にありがとうございました。

山根 千佳

◉著者
山根千佳（やまねちか）
1995年12月12日生まれ。鳥取県出身。

「第37回ホリプロタレントスカウトキャラバン」ファイナリストとなり芸能界デビュー。

相撲好きの両親の影響で、幼少期から相撲を見て育ち、自身も相撲好きとなる。

相撲好き女性「スー女」の第一人者として、相撲関連の番組やイベントにも多数出演。

また相撲への愛と知識が詰まったコラムの連載や、音声配信なども精力的に行う。

相撲を筆頭に、駅伝、競馬、アイドル、怪獣、などさまざまなカルチャーにも精通。

●公式 Instagram　https://www.instagram.com/yamane_chika/
●公式 x（旧 Twitter）　https://twitter.com/yamane_chika/
●公式アメーバブログ　https://ameblo.jp/yamane-chika/

■参考文献
日本相撲協会公式サイト　https://www.sumo.or.jp
相撲ファン（大空出版）
相撲観戦入門2023（ベースボール・マガジン社）
NHK G-Media 大相撲中継（毎日新聞出版）
図解なるほど大相撲！（PHP研究所）
スー女のみかた　相撲ってなんて面白い！（シンコーミュージック・エンタテイメント）
裏まで楽しむ！ 大相撲　行司・呼出・床山のことまでよくわかる！（KADOKAWA）
大相撲の解剖図鑑（エクスナレッジ）
相撲めし（扶桑社）
埼玉栄高等学校　https://www.saitamasakae-h.ed.jp/senior/s-life/s-club/
鳥取城北高等学校相撲部　https://jyouhoku-sumo.jimdofree.com
SPAIA「大相撲現役力士の出身高校ランキング」　https://spaia.jp/column/sumo/16928

■ illustration：stock.adobe.com（まるまる／Ascreator／Mirko Milutinovic）

山根千佳の大相撲の歩き方

2024年5月17日　第1版第1刷発行

著　者　山根千佳
発行人　子安喜美子
発行所　株式会社マイクロマガジン社
〒104-0041　東京都中央区新富1-3-7 ヨドコウビル
TEL 03-3206-1641　FAX 03-3551-1208（販売営業部）
TEL 03-3551-9564　FAX 03-3551-9565（編集部）
https://micromagazine.co.jp
印刷製本　株式会社光邦
撮影協力　公益財団法人 日本相撲協会
二子山部屋
－両国－江戸NOREN
合同会社ピカロ　坂上祐生

衣装協力　浅草 日本文化体験サロン【桜永-ouei-】
編集協力　奥山晶子
齋藤稔（株式会社G-RAM）
装　丁・本文デザイン・イラスト　齋藤稔
監　修　谷口公逸
撮　影　小川内孝行
校　正　芳賀惠子
ヘアメイク・着付け　楢林未奈子
マネジメント　佐藤祐輔（株式会社ホリプロ）
協　力　中村由紀人
編　集　清水龍一

2024 Printed in Japan　ISBN978-4-86716-570-6 C0075